HEYNE <

Das Buch

Mit welchen Menschen harmonieren wir – und mit welchen nicht? Was müssen wir selbst mitbringen, damit das Leben zu zweit gelingt? Und was unterscheidet den Traumpartner von unserem Idealpartner? Das sind die grundlegenden Fragen, die über unser Liebesglück entscheiden. Die Antworten des bekannten Psychologen sind vielleicht nicht immer bequem, aber stets offen und ehrlich – und vor allem sehr hilfreich. Humorvoll und einfühlsam verwandelt der Bestsellerautor seine langjährige Erfahrung als Berater und Therapeut in praktischen Rat und konkrete Hilfe. Sein Buch richtet sich an alle, die es leid sind, von Beziehung zu Beziehung zu stolpern. Und die den Mut aufbringen wollen, sich auf eine lebenslange Liebe einzulassen.

Der Autor

Dr. Gordon Livingston arbeitet seit über drei Jahrzehnten als Arzt und Psychologe. Er ist Autor mehrerer Bücher, unter anderem des internationalen Bestsellers *Zu früh alt und zu spät weise?* sowie *... und tanze einfach weiter* (erschienen im Wilhelm Heyne Verlag) und veröffentlicht regelmäßig Beiträge in der *Washington Post*, im *San Francisco Chronicle* und in *Reader's Digest*. Er lebt in Columbia, Maryland.

GORDON
LIVINGSTON

Lieben ... aber richtig!

Von der Kunst,
den idealen Partner zu finden

Aus dem Amerikanischen
von Gabriel Stein

WILHELM HEYNE VERLAG
MÜNCHEN

MIX
Papier aus verantwortungsvollen Quellen
FSC® C014496

Verlagsgruppe Random House FSC-DEU-0100
Das für dieses Buch verwendete
FSC®-zertifizierte Papier *Holmen Book Cream*
liefert Holmen Paper, Hallstavik, Schweden.

Taschenbucherstausgabe 3/2012

Die Originalausgabe erschien 2009 unter dem Titel *How to Love*
im Verlag Da Capo Press, einem Verlag der Perseus Verlagsgruppe.
Cambridge, Massachusetts, USA.

Die deutsche Erstausgabe erschien unter dem Titel *Die ideale Partnerschaft*.

Redaktion: Dr. Juliane Molitor
Umschlaggestaltung: Guter Punkt, München
Umschlagmotiv: © Potapov Alexander / shutterstock
Satz: C. Schaber Datentechnik, Wels
Druck und Bindung: GGP Media GmbH, Pößneck

ISBN 978-3-453-70192-2

http://www.heyne.de

Für Clare,

die mir alles beigebracht hat,
was ich über die Liebe weiß,
und die mir weiterhin genügend vertraut,
um neben mir einzuschlafen.

Inhalt

ZWEITER TEIL

Schätzenswerte Menschen

DRITTER TEIL

Nicht die Antwort ist erhellend, sondern die Frage

Erst Verdienste erwerben, dann Wünsche äußern

Die Entscheidungen, die wir treffen und von denen unser Glück zum großen Teil abhängt, beinhalten auch Urteile über die Menschen, welchen wir auf unserer Reise durchs Leben begegnen. Wem können wir vertrauen? Wer wird unsere besten Seiten zum Vorschein bringen? Wer wird uns betrügen? Wer wird uns vor uns selbst retten? Diesen Urteilen kommt umso mehr Bedeutung zu, je enger die Beziehung ist. Wenn wir von einem Verkäufer enttäuscht werden, haben wir nur Geld verloren; doch wenn wir unser Herz jemandem schenken, der dieser Gabe unwürdig ist, verlieren wir mehr, als wir uns leisten können.

Mit einer anderen Person zusammen zu sein, die uns so annimmt, wie wir sind, die uns den Zweifel gewährt, die aufmerksam verfolgt, was uns innerlich beschäftigt, und davon ausgeht, dass wir großzügig handeln werden, ist eine beglückende Erfahrung. Zu solchen Menschen fühlen wir uns hingezogen, weil sie untypisch sind und weil sie uns zu einem ähnlichen Verhalten ermuntern. Wenn einer von ihnen uns immer wieder derart sorgsam behandelt, fangen wir an, ihn zu lieben, manchmal sogar gegen unseren Willen.

Wir suchen uns die eigene Familie nicht aus. Wenn wir unsere prägenden Jahre mit Menschen verbringen, die verlässliche Quellen der Zuneigung, Freundlichkeit und Selbstbeherrschung sind, meint das Schicksal es gut mit uns. Aber viele haben nicht dieses Glück, und so treten wir ins Erwachsenenalter ein mit der Bürde gewisser zwischenmenschlicher Gewohnheiten und Defizite im Selbstwertgefühl, die wir entweder bewältigen oder an die nächste Generation weitergeben. Zu irgendeinem Zeitpunkt lernen wir dann, dass Verhaltensweisen uns mehr charakterisieren als Gedanken oder Gefühle. Mit anderen Worten: *Wir sind, was wir tun.* Und dementsprechend treffen wir dann Entscheidungen darüber, welcher Mensch wir sein möchten und mit wem wir gern zusammen wären.

Jeder von uns hat eine Vorstellung vom perfekten Lebenspartner. Manchmal ist diese Fantasie natürlich nur ein Spiegelbild unserer selbst, das bestimmte körperliche Unterschiede berücksichtigt. In anderen Fällen wird die gewünschte Person zu einer Projektionsfläche für all jene Qualitäten, die wir bewundern, aber nicht besitzen. Dieses ergänzende Bild kann oft auf eine Liste von Eigenschaften reduziert werden, die eine Person in unseren Augen vollkommen macht. Bei einer Begegnung vergleichen wir sie mit der Liste in unserem Kopf, um herauszufinden, ob wir noch mehr von ihr sehen wollen. Der Mensch, in den wir uns schließlich verlieben, ähnelt uns vermutlich in den wichtigsten Aspekten wie Intelligenz, gesellschaftliche Stellung und gemeinsame Interessen. Die Faustregel lautet: *Gleich und Gleich gesellt sich gern.* Auf der Suche nach diesem Menschen wird uns gewöhnlich ein oder mehrere Male das Herz gebrochen. Doch wir setzen unseren Weg unverdrossen fort, bis wir jenen treffen, der die meisten der von uns als wichtig erachteten Merkmale aufweist und aus persönlichen Gründen einwilligt, sein Leben mit dem unseren zu verbinden.

Nach und nach stellt sich Langeweile ein – oder, im schlimmeren Fall, Feindseligkeit. Die frische Liebe unserer Jugend wird zum Fluch unserer mittleren Jahre. Wenn Sie denken, diese Formulierung sei allzu zynisch, so schauen Sie sich um. Wie viele der Ihnen bekannten langjährigen Ehen würden Sie als erfüllt bezeichnen? Und dabei betrachten Sie ja lediglich Verbindungen, die bisher überlebt haben.

»Menschen ändern sich mit der Zeit.« Das ist die übliche Erklärung dafür, dass man die Person, der man ewige Treue versprochen hat, nicht mehr liebt. Und wer könnte es leugnen? Wir sind nicht mehr der Mensch, der wir gestern waren, und umso weniger jener, der wir vor zehn oder zwanzig Jahren waren. Doch wie viele von uns ändern mit fortschreitendem Alter ihre wesentlichen Eigenschaften und Überzeugungen? Meines Erachtens liegt in der Bewertung der anderen und ihrer Entwicklung ein tieferes Problem verborgen. Wir sind einfach nicht darin geübt, Charaktereigenschaften als Kombination aufzufassen und in Erwägung zu ziehen, was dies im Hinblick auf künftiges Verhalten und gegenseitige Übereinstimmung eigentlich bedeutet.

Wie viel einfacher wäre das alles, wenn wir eher unseren wichtigen Haushaltsgeräten glichen mit Bedienungsanleitungen voller nützlicher Informationen, wie wir Körper und Geist auf wirksame Weise steuern und dadurch immerzu Genuss empfinden. Gäbe es eine solche Bedienungsanleitung, würde sie gewiss auch das Thema behandeln, wie man Leute erkennt, vor denen man auf der Hut sein sollte, und jene Personen ausfindig macht, die hohe Wertschätzung verdienen.

In meiner Praxis als Therapeut habe ich festgestellt, dass die Hauptschwierigkeit der meisten Menschen auf ihrer Suche nach dem Glück darin liegt zu verstehen, was an ihnen und den ihnen nächsten Menschen »echt« ist. Tatsächlich stützen wir uns auf der Reise durch unsere Lebenswelt auf fehlerhafte Landkarten. Es bedarf keiner Therapie, um diese Karten zu korrigieren. Viele Menschen finden ihren Weg, indem sie verschiedene Möglichkeiten ausprobieren und jedes Mal versuchen, die bisher begangenen Fehler zu vermeiden. Abgesehen von der Zufälligkeit der dabei erzielten Ergebnisse birgt dieser Ansatz das Problem, dass unser Leben endlich ist. Jeder von uns verfügt über eine unbestimmte, zugleich aber begrenzte Zeit, um den richtigen Kurs einzuschlagen. Außerdem hat eine ganze Reihe von Menschen die Neigung, Fehler eher zu wiederholen als zu berichtigen. Ob dies nur ein Zeugnis der Macht der Gewohnheit ist oder der Triumph der Hoffnung über die Erfahrung, bleibt letztlich ungewiss.

Daher müssen wir lernen, unter die Oberfläche unseres Lebens zu schauen und zu erkennen, dass ein großer Teil unserer Persönlichkeit von Emotionen und Motivationen jenseits des Bewusstseins abhängt. Diese Gefühle sind im Bereich langer, nicht hinterfragter Gewohnheit angesiedelt. Unser persönlicher Lebensstil zeigt sich einfach in der üblichen Art, wie wir mit anderen interagieren – wobei sich das Paradox ergibt: *Unsere größten Stärken sind auch unsere größten Schwächen.* Selbst unsere Fähigkeit zu lieben kann uns im Stich lassen. Ins zwanghafte Extrem getrieben kann sie sogar ein Gefühl erzeugen, das dem Hass sehr nahekommt.

Bei unseren Versuchen, Glück zu finden und uns mit Menschen zu umgeben, die dazu beitragen, dieses Ziel zu erreichen, werden wir mit der elementaren Wahrheit konfrontiert: *Wir sind nur berechtigt das zu empfangen, was wir auch zu geben bereit sind.* Die meisten gelangen schließlich zu der Einsicht, dass die Person ihrer Träume – vorausgesetzt, die Gunst des Schicksals führt sie zu ihr – eigene Bedürfnisse und Wünsche hat, die sie entweder stillen beziehungsweise erfüllen können oder nicht. Eben deshalb ist es wichtig, jene Charaktereigenschaften selbst zu entwickeln, die wir an anderen schätzen. Und in Anbetracht der menschlichen Fehlbarkeit mag sich die Fähigkeit zu verzeihen als die wichtigste Eigenschaft überhaupt erweisen.

Gerade unsere Fähigkeit, grundlegende Wahrheiten über menschliche Beziehungen zu verstehen und in unser Leben zu integrieren, entscheidet darüber, inwieweit unsere Suche nach dauerhafter Intimität erfolgreich sein wird. Zum Beispiel ist vielen Menschen nicht klar, dass das wesentliche Erfordernis jeder befriedigenden Beziehung in der gegenseitigen Fähigkeit besteht, die Welt mit den Augen des oder der anderen zu sehen, sich also an seine oder ihre Stelle zu versetzen. Sobald wir merken, dass Einfühlungsvermögen eine primäre Tugend ist, von der unser Glück abhängt, können wir diese edle Eigenschaft allmählich schätzen lernen. Eine solche Bemühung mag mit den Worten umschrieben werden: *Man wird zu dem Menschen, den man sehnlich zu lieben wünscht.* Das heißt, jede höchst bedeutsame Suche im Leben – ob nach materiellem Erfolg, Erleuchtung oder dem perfekten Partner – entpuppt sich als eine innere Reise.

Wie lernen wir, andere Menschen klug zu beurteilen? Wer ist qualifiziert, uns darin zu unterrichten? Natürlich kämen dafür unsere Eltern infrage. Immerhin haben sie länger in der Welt gelebt als wir. Und gewiss haben sie aus ihren Fehlern ebenso wie aus ihren Erfolgen etwas gelernt, das uns neue Einsichten gewähren mag. Dass dies nicht regelmäßig geschieht, wirft ein Licht darauf, wie unsicher die Aufgabe der Kindererziehung ist. Wir können nicht lehren, was wir nicht wissen. Und die Macht der Gewohnheit ist so stark, dass das angeblich bewusst geführte Leben oft nur eine ständige Wiederholung der gleichen eingefleischten Verhaltensweisen ist – ob diese ihren Zweck erfüllen oder nicht. So hieß es von einem Piloten, die 30 000 Flugstunden, die sein Bordbuch auswies, seien im Grunde lediglich 30 000 Wiederholungen derselben Stunde gewesen. Derlei lässt sich auch über viele unserer Leben sagen.

Von wem also sollen wir lernen, wenn nicht von unseren Eltern? Die Jugendzeit ist die Phase, in der wir am schnellsten soziale Fähigkeiten erwerben und ein Gespür dafür entwickeln, wer wir sind und wohin wir gehen. Wenn wir jedoch genauer betrachten, woher Teenager heute ihr Wissen über die Welt beziehen, machen wir die entmutigende Entdeckung, dass sie hierbei meistens auf ihre Altersgenossen vertrauen und auf das, was ihnen durch Fernsehen, Internet und Film übermittelt wird. Hinzu kommen noch einige gedruckte Informationen, aber diese beschränken sich zum großen Teil auf Publikationen, die sich mit sogenannten »Promis« beschäftigen.

Unterweisungen von jugendlichen Altersgenossen können wohlwollend als unzuverlässig bezeichnet werden (weshalb man bisweilen sagt, ein Grünschnabel erkläre dem andern, wo's langgeht). Wenn Sie mir nicht glauben, verbringen Sie einfach ein wenig Zeit auf MySpace.com. Die dort scheinbar hergestellten Beziehungen und zum Ausdruck gebrachten Wertvorstellungen stimmen einen im Hinblick auf die Zukunft nicht gerade optimistisch. Auch ist die Popkultur alles andere als lehrreich, wenn es um die große Frage nach dem Sinn im Leben geht. Jenseits einer sehr eng gefassten Definition von Schönheit sind die von unseren Idolen aus der Unterhaltungsbranche vorgeführten Verhaltensweisen höchst unzuverlässige Orientierungshilfen für ein glückliches Leben.

In der überhitzten, hormonal gesteuerten Atmosphäre weiterführender Schulen werden zufälligen Eigenschaften wie körperliche Attraktivität oder sportliches Können überbewertet. Wer keines dieser Merkmale besitzt, findet sich eher in der Position des Außenseiters wieder. Jeder, der vielleicht schon zum zwanzigsten Mal an einem Klassentreffen teilgenommen hat, kann jedoch bestätigen, dass andere Qualitäten wie Intelligenz und die Fähigkeit, hart zu arbeiten, im Laufe des Lebens »haltbarer« sind. Doch selbst diese bewundernswerten Eigenschaften mögen nicht mit dem Gefühl von Erfolg und persönlicher Befriedigung einhergehen.

Wie die Kunst mag auch das Glück schwer zu definieren sein, aber die Qualität unserer engsten Beziehungen macht eindeutig einen wesentlichen Bestandteil des erfüllten Lebens aus. Menschen, die eine gute Ehe führen, sind mit ihrem

Leben nicht nur weitaus zufriedener als andere, sie leben auch länger.

Folglich sollte man meinen, jeder Lehrplan einer weiterführenden Schule sehe mindestens einen Kurs vor, in dem Schülern beigebracht wird, enge Beziehungen aufzubauen und zu erhalten. Da dies nicht der Fall ist, liegt der Schluss nahe, dass es entweder kein systematisches Wissen gibt, das uns in unserem Bemühen, Intimität mit anderen herzustellen, von Nutzen wäre, oder dass wir all diese Fertigkeiten anderswo erwerben. Die Scheidungsrate, die im Allgemeinen bei 50 Prozent liegt, lässt keinen Zweifel, dass die letztgenannte Annahme nicht zutreffen kann.

Trotzdem gibt es eine Fülle gut gegliederter, anerkannter und lehrbarer Informationen über die Persönlichkeit und das Verhalten des Menschen. Die psychologische Literatur deutet darauf hin, dass gewisse positive Eigenschaften, zum Beispiel Freundlichkeit und Zuverlässigkeit, ebenso nebeneinander zu bestehen scheinen wie unerwünschte Eigenschaften wie Grausamkeit und Unehrlichkeit. Wenn das stimmt, können wir anfangen, Menschen mehr oder weniger genau nach ihrem üblichen Verhalten zu beschreiben. Das ist deshalb wichtig, weil jede unserer Handlungen auch etwas über uns und unsere Werte aussagt. Zudem ist es von großem Vorteil, bestimmte Eigenschaften aus der Beobachtung anderer Personen zu erschließen. *Der beste Wegweiser zu künftigem Verhalten ist das frühere Verhalten.* Letztlich bildet diese Regel die Grundlage unseres Rechts- und Strafrechtssystems und liefert auch eine Antwort auf die Frage: Wie können wir jemanden beurteilen, der seine schlimmste Missetat überhaupt begangen hat?

Wenn wir uns also davor schützen wollen, von anderen enttäuscht zu werden, und es für wichtig erachten, jene Personen ausfindig zu machen, die unser Leben bereichern werden, sollten wir uns unbedingt in der Kunst üben, menschliche Verhaltensmuster deutlich zu erkennen. Dass sich dies seit jeher als schwierig erweist, ist sowohl ein Erziehungsproblem – wer kann es uns beibringen und wo? – als auch ein Zeugnis der Vielschichtigkeit menschlicher Bedürfnisse. Wir sind nicht nur denkende Wesen, die Entscheidungen aufgrund von Logik und Erfahrung treffen, sondern auch empfindsame Wesen, beherrscht von widersprüchlichen Bedürfnissen, Regungen und Ängsten sexueller, affektiver, sozialer, religiöser Natur und vor allem darauf bedacht, uns selbst zu schützen. Der Drang zu kämpfen oder zu fliehen ist unser evolutionäres Erbe, und dabei steht viel mehr auf dem Spiel als unser bloßes physisches Überleben. Für die meisten von uns bedeutet schon die Demütigung eine Art von Tod.

Im Hinblick auf persönliche Eigenschaften muss gesagt werden, dass diese nur selten in reiner Form existieren, sondern meist in Kombination. Daher ist es äußerst riskant, Menschen gleichsam zu etikettieren. In unserem Bemühen, gewisse Kennzeichen zu verallgemeinern, laufen wir stets Gefahr, die komplexe Beschaffenheit der jeweiligen Persönlichkeit zu übersehen. Die Wahrheit lautet: Wir alle können Eigenschaften an den Tag legen, die uns Probleme bereiten. Wer von uns neigt nicht zu überstürzten Fehlreaktionen, selbstbezogenem Handeln, raschen Stimmungswechseln und kaum gezügelter Wut? Um diese Verhaltensweisen zu verstehen und in den Griff zu bekommen, bedarf es der Einsicht, warum sie nicht anpassungsfähig sind und was bei einer gestörten Persönlichkeit im Extremfall passiert.

Demnach besteht der Zweck solcher Analysen nicht darin, uns von anderen, denen wir ja nie gleich sein können, abzusondern. Stattdessen gilt es herauszufinden, welche Eigenschaften und Verhaltensweisen uns mehr von dem bescheren, was wir im Leben ersehnen: Glück, und weniger von dem, was wir zu vermeiden suchen: Kummer, insbesondere Einsamkeit. Dafür müssen wir Menschen um uns haben, mit welchen wir gegenseitige Zuneigung und Bewunderung teilen können.

Zum Teil ist dies ein Buch mit einer Moral. Es befasst sich allerdings nicht damit, die dargestellten Zustände mithilfe von Patentrezepten zu behandeln. Dies soll nicht als pessimistischer Kommentar der menschlichen Fähigkeit, grundlegende Änderungen herbeizuführen, verstanden werden. Mein Berufsleben war größtenteils auf das Bemühen ausgerichtet, diese Fähigkeit zu fördern. Dabei habe ich aber auch gelernt, dass es normalerweise weitaus einfacher ist, Symptome wie Angst, Depression oder gar Wahnvorstellungen zu beseitigen, als den Charakter eines Menschen zu ändern. Die Art, wie wir gewöhnlich mit Menschen umgehen, ist bekanntlich schwer zu korrigieren, selbst wenn man über die Zeit und die Mittel verfügt, sich einer ausgedehnten Psychotherapie zu unterziehen. Und wie viel schwerer ist es, diese tief verwurzelten Eigenschaften bei jemandem zu ändern, der sie nicht als problematisch betrachtet und zwischenmenschliche Konflikte lieber den anderen in die Schuhe schiebt. Sich damit auseinanderzusetzen, ist keine Aufgabe für Schöngeister. Die romantische

Vorstellung, wir könnten mit unserer Liebe und unserem Beistand einen Menschen von Grund auf ändern, entpuppt sich als ein Traum, der nur selten Wirklichkeit wird.

Einige mögen abgestoßen sein von dem Gedanken, charakterlich fragwürdigen Leuten eher aus dem Weg zu gehen als ihnen entgegenzukommen oder zur Seite zu stehen. Wenn Sie bereits in eine Beziehung mit einer solchen Person verstrickt sind oder in der Familie zwangsläufig mit ihr zu tun haben, brauchen Sie vielleicht Hilfe, die Sie hier nicht finden werden. Meine Ausführungen zielen auf Beziehungen, für die man sich aus freien Stücken entscheidet und die auf der Suche nach dem Glück eine wesentliche Rolle spielen. Falls Sie eine(n) Verwandte(n) in der Kategorie jener Personen entdecken, vor denen man auf der Hut sein sollte, erklärt das möglicherweise, was beim letzten gemeinsamen Abendessen vorgefallen ist.

Über die Ursachen charakterlicher Probleme wird ausgiebig diskutiert. Bis zu welchem Grad sind sie genetisch bedingt? Welchen Anteil können wir einer dürftigen Erziehung oder widrigen Lebenserfahrungen zuschreiben? Die im Augenblick noch eher vage Antwort lautet, dass wohl etwas von allem zutrifft. In gewisser Weise aber geht das am eigentlichen Punkt vorbei. Wenn Lebensfreude und innere Erfüllung mit unseren engsten Beziehungen verknüpft sind, müssen wir im Grunde eines wissen, nämlich, wie wir jene Menschen erkennen, die unseres Vertrauens und unserer Zuneigung würdig sind, und wie wir uns von denen fernhalten, die uns am Ende enttäuschen, unsere Zeit vergeuden, unser Herz brechen und uns den Verstand rauben werden.

Von all den Fragen, die wir uns bei der Erforschung der wahren Natur eines Menschen stellen, ist die folgende vielleicht die wichtigste: *Wie fühle ich mich, wenn ich mit dieser Person zusammen bin?*

Daraus ergeben sich drei unterschiedliche Betrachtungsweisen. Der erste Teil dieses Buches ist eine mehr oder weniger systematische Zusammenfassung der Charaktertypen, die uns wahrscheinlich verletzen werden. Der zweite Teil ist eine Darstellung der Tugenden, die wir bei anderen suchen, auch wenn wir sie eigentlich zuerst in uns selbst entwickeln möchten. Der dritte Teil beschäftigt sich mit den Beziehungen, die wir herstellen und aufbauen, sowie damit, wie wir sie verbessern können. Und wie immer geht es auch hier vor allem um die Weisheit der Unterscheidung.

Oh, wie stark ist doch der Magnet der Illusion!

Es hat den Anschein, als wären die im ersten Teil beschriebenen Charaktertypen so offensichtlich unattraktiv, dass man sie leicht erkennen und instinktiv vor ihnen zurückweichen würde. Dass dem nicht so ist und dass viele von uns sich tatsächlich zu Leuten hingezogen fühlen, die sie später verachten, ist einerseits ein Paradox und liegt andererseits an unserer Verwirrung darüber, welche Eigenschaften im Laufe der Jahre verlässlich und beständig bleiben.

Zum Beispiel sind wir fasziniert von Filmstars und ihrer Welt. Etwas Vergleichbarem meinen viele von uns am nächsten zu kommen, indem sie Kontakt mit oberflächlichen und theatralischen, oft körperlich anziehenden Menschen pflegen. Sie entsprechen unseren jugendlichen Fantasien. Unbelastet von der Neigung, über ihr Handeln nachzudenken, sind sie im gesellschaftlichen Umgang gewöhnlich versiert und unterhaltsam. Wahrscheinlich trifft man sie eher in der Gruppe der Cheerleader an als im Club der Mathematiker. Sie entsprechen unserer Vorstellung von Jugend und Schönheit, und ihre übliche Impulsivität kann als anmutige Spontaneität gedeutet werden – zumal von jenen, die sich vergeblich bemühen, Freude und Vergnügen zu empfinden. Erst mit der Zeit erweisen sich Oberflächlichkeit und mangelnde Organisiertheit als Problem. Im frühen Stadium einer Beziehung betrachtet man etwa die Unfähigkeit, pünktlich zu sein, oder eine gewisse Orientierungslosigkeit vielleicht noch als charmante Schwächen. Doch langfristig müssen wir alle in der Lage sein, unser Konto auszugleichen.

Oft scheinen gerade selbstbezogene Menschen Erfolg zu haben. Das Geschick, mit dem sie Menschen dazu bringen, ihren Meinungen beizupflichten und ihre Wünsche zu erfüllen, mag auf den ersten Blick eine wertvolle Überlebensstrategie sein. Doch mit der Zeit entpuppt sich diese Eigenschaft als manipulativ, und das fehlende Interesse an den Bedürfnissen anderer wird zu einem höchst störenden Merkmal. Die Fähigkeit solcher Egozentriker, Gefühle vorzutäuschen, mag einen Beobachter irritieren. Zum Beispiel lernen sie mühelos, so zu tun, als würden sie zuhören, sobald ihnen bewusst wurde, dass das primäre Organ der Verführung das Ohr ist.

Ein gewisses Maß an Unsicherheit bezüglich dessen, wonach wir bei anderen suchen, ist unvermeidlich. In einer Gesellschaft, die den Wettbewerb schätzt, sollen wir jedoch ans Ziel unserer Wünsche gelangen, ohne dies an die große Glocke zu hängen. Ein Beispiel: Die Männer unter uns sind häufig überzeugt, die Befriedigung ihrer sexuellen Bedürfnisse erfordere ziemlich viel Verstellung, ja Heuchelei – zumal in jungen Jahren, wenn sie vom anderen Geschlecht geradezu besessen sind. Doch dann entdecken sie ein wenig verwirrt, dass die Einstellung der Gesellschaft im Allgemeinen und der Mädchen im Besonderen den Wunsch, so oft wie möglich Sex mit wechselnden Partnern zu haben, ernsthaft einschränkt.

Die Unterdrückung jenes Drangs ist deshalb von Bedeutung, weil sie in eine Zeit fällt, in der wir neue Möglichkeiten, mit anderen in Beziehung zu treten, ausprobieren und unser Bedürfnis, sexuellen Ansprüchen zu genügen, gleichsam verraten, indem wir unser Verhalten annähernd mit den geltenden Regeln in Einklang bringen. Die Lösung dieses Konflikts beeinflusst maßgeblich unsere künftige Fähigkeit, die eigenen Wünsche und die Bedürfnisse jener Menschen, deren Zuneigung und wohlwollende Meinung für unser Glück entscheidend sind, aufeinander abzustimmen.

Leider nehmen viele von uns aus dieser Lebensphase die Lektion mit, dass die Macht in jeder Beziehung davon abhängt, wie gut oder schlecht man verhandelt, und dass der eigene Gewinn auf Kosten des oder der anderen geht. Dies wiederum führt zu der Vorstellung, Kompromisse seien ein wesentlicher Bestandteil jeder Verhandlung. Keine der beiden Parteien kann erwarten, alles zu bekommen, was sie will, und das passt genau zu der Losung »Niemand ist vollkommen« – ein Glaubenssatz derer, die in unharmonischen Beziehungen leben (und sich dann manchmal erdreisten, uns über das Glück »aufzuklären«).

Im Grunde ist die Art von Verhandlung, bei der für uns das Beste auf Kosten des anderen Menschen herauskommen soll, das krasse Gegenteil von Liebe – jenem Gefühl, das die Bedürfnisse und Wünsche des anderen mit den eigenen in Einklang bringt. Wenn uns niemand mit dieser Definition vertraut gemacht hat, weil wir bisher nur von Egoisten umgeben waren, werden wir uns wohl auf die eigenen Bedürfnisse fixieren und Beziehungen in der Weise sehen, dass andere Menschen im Drama unseres Lebens nur als Statisten auftreten, während wir selbst die Hauptrolle spielen. Diese Neigung wird noch verstärkt durch alle möglichen Geschichten, die wir uns selbst erzählen – Geschichten darüber, wie man erfolgreich ist in unserer Kultur, die uns Konsum und Materialismus als die Königswege zum Glück präsentiert.

Das Verhandeln über sexuelle Bedürfnisse führt zu zahlreichen Verstimmungen, besonders aufseiten der jungen Männer, die sich dabei oft ziemlich machtlos fühlen. Frauen können Kontrolle ausüben, indem sie Sex schenken oder vorenthalten, was für sie gewöhnlich eine andere Bedeutung hat als für Männer. (Der alte Spruch »Frauen brauchen einen Grund für Sex, Männer nur einen Ort« enthält durchaus etwas Wahres.) Demnach überrascht es nicht, dass biologische Triebe für beide Geschlechter eine Quelle des Zynismus und der Manipulation sind – gerade in der kritischen Lebensphase, in der man sich mit der Frage, welche Art von Mensch man sein und wen man anziehen möchte, ohnehin unbehaglich und alleingelassen fühlt.

Und wohin können wir uns auch wenden, um in diesen Angelegenheiten unterwiesen zu werden? Unsere Familie mag eine Umgebung schaffen, in der gesunde und befriedigende Beziehungen zwischen Erwachsenen zu beobachten sind. Doch häufig ist dies nicht wirklich der Fall. Sogar in intakten Familien gibt es viele Konflikte. »Alle Paare kämpfen.« Das ist ebenso eine Binsenweisheit wie die Auffassung, Rivalität unter Geschwistern sei unvermeidlich. Tatsächlich sind solche Vorstellungen abgeleitet aus Sprüchen wie »Das Leben ist hart und endet tödlich«, welche die Erwartungen niedrig halten und als scheinbar vernünftige Erklärung für mancherlei Unglück herhalten müssen. Meistens hören wir über das Großziehen von Kindern, es sei mühsam und teuer, voller Angst und Sorge, während die Kleinen eine Reihe schwieriger Phasen durchlaufen: anstrengender Säugling, schrecklicher Zweijähriger, undankbarer Zehn- bis Zwölfjähriger, wilder Jugendlicher. Dass Eltern sich aufopfern, ist in unserer Kultur die Regel. Und natürlich tritt oft genau das ein, was wir erwartet haben ...

Folglich werden den meisten von uns gewisse Überzeugungen anerzogen, die zwischenmenschliche Nähe geradezu verhindern. Erstens: Liebe ist bedingt und dem Wettbewerb unterworfen. (Logische Konsequenz: Wer bedingungslose Zuwendung wünscht, lege sich einen Hund zu.) Zweitens: Selbst in unseren engsten Beziehungen gibt es eine stillschweigende, stets widerrufbare Übereinkunft. (»Ich werde einige Dinge tun, die du möchtest, aber nur, wenn du dich dafür revanchierst.«) Drittens: Alles ist verhandelbar, weshalb die Befriedigung der eigenen Bedürfnisse hauptsächlich von Fähigkeiten abhängt, mit denen man auch im Geschäftsleben Erfolg hat – insbesondere davon, wie gut man »sich selbst verkaufen kann«. Die vielleicht wichtigste Lektion, die wir aus unserer Familie mitnehmen, betrifft die Vergänglichkeit aller menschlichen Dinge: Weder das sehr Gute noch das sehr Schlechte ist von Dauer.

Wie beeinflussen diese Überzeugungen die Entwicklung unserer Persönlichkeit, die Kombination von Eigenschaften und die üblichen Wechselbeziehungen, die wir mit anderen pflegen und die uns als Mensch definieren? In erster Linie gründen solche Vorstellungen auf der Annahme, dass

Menschen hauptsächlich aus Eigennutz handeln; außerdem darauf, dass belohnte Verhaltensmuster wiederholt und nicht belohnte aufgegeben werden. Aus psychologischer Sicht entspricht dies dem, was ein Dompteur tut, der im Zirkus oder im Delfinarium das Verhalten der Tiere auf verblüffende Weise prägt.

Da Menschen für einfache Reize wie Futter weniger empfänglich sind, bedient sich unser angelerntes Verhalten in Beziehungen subtilerer Stimuli, von denen einige – etwa Geld oder die Zustimmung der Altersgenossen – positiv und andere – zum Beispiel Einsamkeit und Demütigung – negativ sind. Doch bei der Entwicklung eines persönlichen Stils nach der Versuch-und-Irrtum-Methode hinterfragen wir nur selten unsere grundsätzlichen Ansichten darüber, wie Menschen wirklich sind und wie wir unser einzigartiges menschliches Bedürfnis stillen können, ein sowohl von Freude als auch von Sinn erfülltes Leben zu führen. Bald schon stellen wir fest, dass uns dies nicht allein gelingt. Wir brauchen das Wohlwollen einiger anderer und sehnen uns nach der bedingungslosen Liebe zumindest eines Menschen.

ERSTER TEIL

Einen Menschen erkennt man daran, welche Gesellschaft er vermeidet

Nicht was du hast, sondern was du nutzt;
Nicht was du siehst, sondern was du wählst;
Nicht was fair scheint, sondern was wahr ist;
Nicht was du dir erträumst, sondern was du tust;
Nicht was du nimmst, sondern was du gibst;
Nicht wie du betest, sondern wie du lebst,
Beeinträchtigt oder bereichert
Die Summe des menschlichen Glücks.

ANONYM

Groucho Marx traf die unvergessliche Feststellung: »Ich würde nie einem Club beitreten, in dem jemand wie ich Mitglied ist.« Diejenigen, mit denen wir unsere Zeit verbringen, bestimmen darüber, wie wir uns selbst sehen und wer wir gern sein möchten. Daher müssen sie sorgfältig ausgewählt werden.

Die formale Definition einer sogenannten Persönlichkeitsstörung lautet: »Ein Muster der inneren Erfahrung und des Verhaltens, das von kulturellen Erwartungen merklich abweicht, beherrschend und starr ist, auf Dauer konstant bleibt und zu seelischem Schmerz sowie zu gesundheitlichen Schäden führt.« Es ist äußerst schwer, mit Menschen, die solche Eigenschaften in diagnostizierbarer Form aufweisen, eine Beziehung herzustellen oder gar zusammenzuleben. Ich werde also verschiedene Typen dieser Art beschreiben, denn es ist wichtig zu erkennen, wie ihre in einer Beziehung zutage tretenden Einstellungen und Verhaltensmuster voneinander abhängen. Dieses Wissen wird uns helfen zu verstehen, warum sie sich der Veränderung widersetzen und in welcher Weise sie das emotionale Wohlbefinden der Personen in ihrem unmittelbaren Umfeld negativ beeinflussen können. Es handelt sich um eben jene Leute, vor denen Ihre Mutter Sie gewarnt hat – oder hätte warnen sollen. Wer ihnen Zugang zu seinem Leben gewährt, geht ein großes Risiko ein.

Geben Sie nicht dem Spiegel die Schuld an Ihrem Spiegelbild

Selbstbezogene Menschen können in emotionaler und manchmal sogar in physischer Hinsicht gefährlich sein. Als Spezies sind wir darauf programmiert, in unserem eigenen Interesse zu handeln. Das Überleben der Tüchtigsten ist ein evolutionärer Imperativ. Unser kapitalistisches System hat dieses Bedürfnis in den Rang des mächtigsten wirtschaftlichen Motors erhoben, der je ersonnen wurde. Folglich bereiten diejenigen, die nur für sich selbst da sind, uns anderen eine Menge Probleme.

Die mildeste Form der Selbstbezogenheit kommt bei den theatralischen Menschen zum Ausdruck, die sich oft als »leidenschaftlich und gefühlsbetont« bezeichnen. Ihnen geht es vor allem darum, im Mittelpunkt zu stehen, wo ihnen die größte Aufmerksamkeit zuteil wird, und so bevölkern sie unsere Bildschirme und Leinwände. In erster Linie sind es Frauen, »Dramaköniginnen«, deren körperliche Merkmale und verführerische Art die Fantasie von Millionen Jungen und Männern beschäftigen.

Aufreizende Kleidung und manierierte Umgangsformen – sämtlichen Leitern weiterführender Schulen ein Dorn im Auge – legen Zeugnis ab von der bleibenden Macht jener kulturellen Idole, welche die Seiten der *People*- und *Playboy*-Magazine füllen. Solange die Gesellschaft uns dazu anhält, solche Menschen zu bewundern, werden wir über deren weniger wünschenswerte Eigenschaften hinwegsehen. Nicht selten sind Leute, die einen derartigen Lebensstil zur Schau stellen, geistlos und emotional unbeständig und fassen die Welt ohne Interesse an Details in eher impressionistischer und theatralischer Weise auf. Aufgrund ihrer Selbstbezogenheit und Oberflächlichkeit können sie sich kaum an jenem Geben und Nehmen beteiligen, das gesunde Beziehungen kennzeichnet. Ihre Fähigkeit zum echten Engagement ist begrenzt, was sich unter anderem in der kurzen Dauer vieler Promi-Ehen widerspiegelt. Theatralische Frauen neigen oft zu Beziehungen mit obsessiven Männern, die ihnen die typischerweise fehlende Struktur und Ordnung zu bieten versprechen. (Den betreffenden Männern wird dafür die dringend benötigte Unterhaltung versprochen.) Solche Verbindungen, in denen beide sich scheinbar ergänzen, halten nur selten. Obwohl die Gegensätze sich anziehen mögen, kommen die Partner langfristig kaum miteinander zurecht. Selbst die Sexualität, die jenes Versprechen offenbar am meisten einlöst, ist oft nicht wirklich erfüllend. Hinter all der Verführungskunst verbirgt sich nämlich die Tendenz, Sex als Mittel zur Manipulation zu benutzen. Und während wir uns einzureden versuchen, Sex sei hauptsächlich ein körperlicher und der Erholung dienender Akt, stellt sich heraus, dass er ohne gegenseitige Fürsorglichkeit und die Fähigkeit, sich gefühlsmäßig zu engagieren, einfach nicht so wohltuend ist.

Zu den Warnsignalen, die deutlich machen, dass man mit einem selbstbezogenen, »hysterischen« Partner zusammenlebt, gehören die bereits erwähnte Oberflächlichkeit und das mehr oder weniger ständige Bedürfnis des Partners oder der Partnerin, die ganze Aufmerksamkeit auf sich zu lenken. Rasche Stimmungswechsel sind ebenso weit verbreitet wie die unangemessene Zurschaustellung von Intimität. Man denke an die kokette Manieriertheit der höchst verführerischen Idole, die wir dafür bezahlen, dass sie uns unterhalten. Wenn der Mensch, mit dem Sie liiert sind, der äußeren Erscheinung und dem Verhalten nach an einen Filmstar erinnert, den Sie kürzlich Werbung für seinen neuesten Film machen sahen, dann sollten Sie umso genauer auf weitere Anzeichen von Oberflächlichkeit und Selbstbezogenheit achten, die darauf hindeuten, dass er vielleicht mehr verspricht, als er wirklich zu bieten hat. Was zwischen Scarlett O'Hara und Rhett Butler in *Vom Winde verweht* geschah, ist ein gutes Beispiel für die zerstörerische Wirkung von Oberflächlichkeit und extremer Selbstbezogenheit in Beziehungen – auch oder gerade wenn eine theatralische Frau und ein obsessiver Mann zusammenkommen.

Stellen Sie sich vor, wie es wäre, mit einer Person zusammenzuleben, die dauernd Anregung und Bewunderung braucht, die zu ernsten Gedanken und Gesprächen unfähig ist, die sich vor allem um das Äußere kümmert (zumal um das eigene) und deren Hauptbeschäftigung im Einkaufen besteht. Dass diese Person häufig sehr attraktiv ist, verwirrt Männer, denen beigebracht wurde, Frauen nachzujagen, die einem solchen weiblichen Ideal entsprechen. Theatralische Frauen hingegen sind in dem Glauben aufgewachsen, ihre (eigentlich nur konventionelle) Schönheit sei ihr wertvollstes Gut, und haben sich daher angewöhnt, eben diese Schönheit so einzusetzen, dass ihre Wünsche erfüllt werden, besonders von Männern. Sie sind kaum geeignet für langfristige Beziehungen und das Erziehen von Kindern, denn es fällt ihnen einfach sehr schwer, von den eigenen Bedürfnissen abzusehen und ihre Verpflichtungen gegenüber anderen Menschen nicht zu vergessen – und das betrifft sogar die Verpflichtungen gegenüber ihren Kindern.

Der Zahn der Zeit ist ihnen gegenüber besonders ungnädig. Wie alle selbstbezogenen Charaktertypen scheint auch der theatralische Stil eine Zeit lang zu funktionieren, schlägt aber spätestens dann fehl, wenn sich bei allen anderen ringsum Ernüchterung breitmacht. In einer Szene des Films *Annie Hall* sitzt Woody Allen auf der Couch mit einer schönen Frau, die erzählt, wie freizügig sie in sexueller Hinsicht sei. Doch als er sie schließlich packt und zu küssen versucht, schiebt sie ihn weg. Er schaut in die Kamera und fragt sich: »Wie konnte ich ihre Signale derart missverstehen?« Darüber lachen wir, weil uns diese Situation bekannt vorkommt.

Zu den selbstbezogenen Charaktertypen gehört auch der Narziss. Narcissus, Sie erinnern sich, ist der schöne, aber gefühlskalte Jüngling aus der griechischen Mythologie, der in sein von einer Quelle zurückgeworfenes Spiegelbild derart verliebt war, dass er die Augen nicht mehr davon abwenden konnte und sich in sehnsüchtiger Betrachtung seiner selbst verzehrte. Ein Narziss hat eine so hohe Meinung von sich selbst, dass er kaum imstande ist, einen anderen Herzschlag zu hören als seinen eigenen. Narzisstischen Charakteren mangelt es an jener entscheidenden menschlichen Eigenschaft namens Empathie – der Fähigkeit, sich gefühlsmäßig in ein Gegenüber hineinzuversetzen.

Sie sind neidisch auf andere und glauben, die anderen seien neidisch auf sie. Dieses Merkmal wirft eine wichtige Frage auf, die wir uns alle stellen müssen: Wie zahlreich ist unser Publikum? Viele Menschen reagieren derart empfindlich auf Ansichten von außen, dass sie zutiefst ängstlich und gehemmt sind. Im Extremfall kann dies entweder zu Paranoia oder zu einem übersteigerten Selbstwertgefühl führen. In Wahrheit aber ist es so, dass die anderen genug mit ihren persönlichen Angelegenheiten zu tun und daher nur ein begrenztes Interesse an uns haben. Die wenigen, die uns lieben, nehmen regen Anteil an uns, aber sich vorzustellen, ganze Scharen von Menschen würden bemerken oder gar beurteilen, was wir machen, ist wirklichkeitsfern und belastend. Wenn so viel Aufmerksamkeit zu einem selbstbezogenen Bedürfnis wird, treten wir in die unschöne Welt des Hochmuts und der Eitelkeit ein.

Unfähig, Kritik zu ertragen, leben Narzisse in der ständigen Angst vor Erniedrigung. Das veranlasst sie, auf jede Andeutung von Missfallen zu achten und heftig loszuschlagen, sobald sie sich angegriffen fühlen. Ihre Reaktionen zeigen, dass sie sich einfach im Recht fühlen: Die Regeln, die für jedermann gelten, schränken sie nicht zwangsläufig ein, denn sie halten sich für »etwas Besonderes«. Im Stau sind sie diejenigen, die in teuren Autos ihre Fahrt auf dem

Seitenstreifen fortsetzen. Oft geben sie sich Fantasien von Erfolg, Macht und Schönheit hin. Sie sind, mit einem Wort, arrogant und bereit, andere auszunutzen, wenn das ihren Bedürfnissen entspricht.

Menschen mit stark narzisstischen Zügen haben nicht die Tendenz, in Würde zu altern. Die Begrenzungen und Verluste, die mit dem Älterwerden einhergehen, sowie unser gesellschaftlich bedingter Jugendwahn haben zur Folge, dass diese Egozentriker in den Fitnessstudios und in den Praxen der Schönheitschirurgen überrepräsentiert sind.

Dass man es mit einem Narziss zu tun hat, erkennt man vor allem daran: Er oder sie interessiert sich für einen nur als Quelle der Bewunderung. Da ihm die Fähigkeit, wirklich Anteil zu nehmen, völlig abgeht, ist er ein notorisch schlechter Zuhörer. Von einem früheren Bürgermeister New Yorks wird berichtet, er habe während einer Unterhaltung zu jemandem gesagt: »Jetzt haben wir genug über mich geredet. Sprechen wir von Ihnen. Was halten Sie von mir?« Ob diese Aussage tatsächlich gemacht wurde oder nicht – sie gibt das Wesen des narzisstischen Lebensstils gut wieder: eine dauernde Selbstbespiegelung, die dem Glauben Ausdruck verleiht, man sei derart wichtig, dass jede(r) andere bloß ein Teil des Publikums ist.

Auch die unangenehmen Eigenschaften vieler Jugendlicher tragen narzisstische Züge. Das kann der Fixierung auf das eigene Ich zugeschrieben werden, die notwendig ist, um die Trennung von der Familie, also den Prozess der Individuation zu vollziehen – eine in dieser Lebensphase wichtige Aufgabe. Zudem offenbart es die behütete Unerfahrenheit bezüglich jener demütigenden Ereignisse, mit denen das Leben uns schließlich alle konfrontiert. Wenn wir erst einmal unseren Anteil an Verlusten und Zurückweisungen aufgearbeitet haben, können wir uns kaum noch vorstellen, äußerst wichtig zu sein und als Einzige(r) bewundert zu werden. Jedenfalls ähneln die unter Narzissmus leidenden Erwachsenen in vielerlei Hinsicht jenen selbstbezogenen Jugendlichen, die meinen, dass sich die Welt allein um sie dreht (oder drehen sollte).

Selbstbezogenheit verbunden mit Ehrgeiz – diese Kombination kennzeichnet auch die Persönlichkeit vieler Politiker. Je höher das Amt, desto mehr scheint von dessen Inhaber verlangt zu werden, sich wie ein Ausbund an Tugend und Weisheit zu präsentieren. Die Volksvertreter werden zur Quelle unserer größten Hoffnungen, dass man sich unserer annimmt, unsere Feinde besiegt und uns durch inspirierte Führung in einer sicheren und glücklichen Welt vereint. Das zu versprechen, erfordert ein Selbstbewusstsein, das an Größenwahn grenzt und den versteckten Narzissmus vieler unserer berühmten Politiker erklärt, die wir mit unseren Stimmen belohnen und von denen wir uns am Ende enttäuscht abwenden, wenn sie weder ihre übertriebenen Versprechen einlösen noch unsere unrealistischen Hoffnungen erfüllen können.

Obwohl es eigentlich nicht schwer sein sollte, Menschen zu erkennen, die eine allzu große Selbstgefälligkeit an den Tag legen, bereiten sie uns doch unsagbaren Kummer. Vier von fünf unter ihnen sind männlich (daher auch die häufige Klage von Frauen, dass der Mann an ihrer Seite nicht zuhören könne). In einer Kultur, die der Attraktivität und dem Selbstbewusstsein einen hohen Stellenwert beimisst, wirkt die Gewandtheit dieser Leute zunächst ebenso reizvoll wie ihre Erfolgsgeschichte. Dank ihrer Intelligenz sind sie imstande, Interesse an anderen vorzutäuschen, sodass es einige Zeit dauern mag, bis ihr Mangel an Einfühlungsvermögen zum Vorschein kommt.

Denken Sie nur einmal an Ihre Bekannten, die so tun, als seien sie derart besonders, dass sie außer sich geraten, wenn jemand ihnen Beschränkungen auferlegt, die Mühe haben, an Gesprächen teilzunehmen, bei denen sie nicht im Mittelpunkt stehen, und die mit kleinen und großen Gesten zu verstehen geben, dass jeder andere Mensch in erster Linie dazu da ist, ihren Bedürfnissen und Wünschen zu entsprechen. Erinnern Sie sich auch an die unterschiedlichen Verhaltensweisen der Passagiere auf der Titanic, als sich abzeichnete, dass das Schiff sinken würde. »Wenn wir nicht für uns sind, wer ist es dann? Und wenn wir nur für uns sind, wie stehen wir dann da?« Keine guten Kandidaten für eine dauerhafte Beziehung, das steht fest.

Eine besonders irritierende Gruppe selbstbezogener Menschen, vor denen wir uns in Acht nehmen müssen, ist die mit dem sogenannten »Borderline-Syndrom«. Solche Leute sind derart unbesonnen, unberechenbar und unbeständig in ihren Wechselbeziehungen mit anderen, dass man von Augenblick zu Augenblick und von einem Tag zum nächsten nie weiß, wie sie sich verhalten werden. Ihr kennzeichnendes Merkmal ist die panische Angst, verlassen zu werden, begleitet von einer so schwachen Beherrschung ihres Zorns, dass sie zu explosiven Ausbrüchen neigen, welche bei den Menschen ringsum Wut und Entsetzen auslösen. Erst idealisieren sie eine Person, um sie kurz darauf heftig anzugreifen. Es ist – gelinde gesagt – nicht einfach herauszufinden, woran man mit ihnen ist.

Diesen verwirrenden Stimmungsschwankungen und wechselnden Loyalitätsbekundungen liegt eine zerrüttete Vorstellung vom eigenen Selbst zugrunde, charakterisiert durch ein intensives Gefühl der Leere und einen nicht weniger stark ausgeprägten Identitätsverlust. Das Alleinsein ist solchen Menschen unerträglich. Möglicherweise fühlen sie sich sogar derart erniedrigt, dass sie an Selbstmord denken. Sie sind anfällig für Depressionen und zerstörerische Verhaltensweisen wie Selbstverletzung, Promiskuität, Essstörungen oder Drogenabhängigkeit. Drei von vier Borderline-Syndromen treten bei Frauen auf.

Borderliner stecken voller Überraschungen und sind oft leicht zu erkennen, weil sie in einem emotionalen Chaos leben. Und wer in ihrem unmittelbaren Umfeld lebt, stellt immer wieder fest, dass er oder sie selbst planlos und unbesonnen handelt – eine Reaktion auf die plötzlichen Stimmungsschwankungen der Borderliner. Am meisten irritiert jedenfalls die geballte und kaum gezügelte Wut, die sie an anderen auslassen, denn bei genauerem Nachdenken ist es doch so, dass all unsere Versuche, der Welt und den Menschen, die sie bewohnen, einen Sinn zu verleihen, einer gewissen Stabilität bedürfen, die uns vorherzusehen erlaubt, was wohl als Nächstes geschehen wird. Man stelle sich nur einmal vor, wie schwierig es wäre, sich in einer Umgebung zurechtzufinden, die sich dauernd veränderte, wo Berge zu Tälern würden oder Straßen und Gebäude sich willkürlich hin- und herbewegten. Doch genau so ist die emotionale Landschaft der Borderliner beschaffen.

Ihre Neigung zu jähen Stimmungsschwankungen führt allerdings häufig dazu, dass bei ihnen fälschlich bipolare psychische Krankheiten diagnostiziert werden, die mit noch heftigeren Stimmungswechseln von der Manie bis zu schweren Depressionen einhergehen. Im Unterschied zu bipolaren Personen, deren Stimmungen sich rasend schnell ändern können, schwanken die Borderliner im Allgemeinen mehrmals täglich zwischen Euphorie und Verzweiflung.

Inwieweit wir mit unserem Leben auch zufrieden sein mögen – die meisten von uns Männern sind für zusätzliche Reize durchaus offen, zumal wenn diese in Gestalt einer sexuell anziehenden, offenbar ungehemmten Frau auftauchen und wir davon überzeugt sind, dass sie uns einzigartig und unwiderstehlich attraktiv findet. Folgen auf diese zunächst äußerst befriedigende Erfahrung jedoch eine gewisse Anhänglichkeit ihrerseits sowie Ankündigungen unsererseits, dass wir sie verlassen werden, ist Vorsicht geboten. Kommen dann noch unerklärliche Zornesausbrüche, Drohungen, Selbstverletzungen und Anzeichen von Drogenmissbrauch hinzu, sollten sich im Hinblick auf die Beziehung ernste Bedenken einstellen. Man denke nur einmal über jene Figur nach, die Glenn Close in dem Film *Fatal Attraction (Eine verhängnisvolle Affäre)* darstellte.

Sogar Psychotherapeuten, die es eigentlich besser wissen müssten, können hier einer Täuschung erliegen. Eines Tages kam eine Frau in meine Praxis und klagte über

Depressionen. Im Laufe der ersten Sitzungen schien sich ihr Zustand zu bessern, und sie versicherte mir, der fähigste und einfühlsamste Therapeut von allen zu sein, mit denen sie bisher gearbeitet habe (und die sie nach ihren eigenen Worten schließlich ausnahmslos enttäuscht hätten). Bei einem ihrer darauffolgenden Besuche verriet sie mir jedoch, dass sie mich auf einer nahen Landstraße joggen gesehen und nur mit großer Mühe dem Impuls widerstanden habe, den Wagen herumzureißen und mich zu überfahren. Nach diesem Bekenntnis fing ich an, sowohl meine Diagnose als auch meine Joggingstrecke zu ändern.

Ihr unbeständiges Selbstbild und ihre Unfähigkeit, ihre Stimmungen unter Kontrolle zu bekommen, macht das Leben dieser Menschen zu einem Ödland der gescheiterten Beziehungen. Sie wechseln von extremer Abhängigkeit schlagartig zu wütender Manipulation, schwanken zwischen unrealistischen Forderungen nach Aufmerksamkeit und Gefühlen von Selbsthass, lassen Zorn und Verwirrung zurück, und niemand kann behaupten, sie wirklich zu kennen.

Infolge ihrer Unberechenbarkeit geben sie besonders dürftige Eltern ab. Kinder brauchen für ihre gesunde Entwicklung eine relativ stabile Umgebung, sowohl in physischer als auch in emotionaler Hinsicht. Da sie durch einen wankelmütigen, manchmal aufbrausenden Elternteil deren beraubt sind, laufen sie Gefahr, jene haltlosen, kaum aufeinander abgestimmten Charaktereigenschaften auszubilden, die es ihnen so schwer machen, sichere und engagierte Beziehungen mit anderen einzugehen.

Die typische Kindheit von Borderlinern wurde von einem Autor als »trostloses Schlachtfeld« bezeichnet. Oft ist sie geprägt von ständig wiederkehrenden Formen des Missbrauchs oder der Vernachlässigung, und gewöhnlich erfüllt auch die Mutter alle Kriterien einer Borderline-Persönlichkeit. Diese Kinder sind hin und her gerissen zwischen der Sehnsucht nach Verschmelzung und der Angst, verschlungen zu werden. Wie die meisten Menschen mit einer Persönlichkeitsstörung sind sie sich ihrer Verhaltensmuster häufig nicht bewusst und vertragen keine Kritik. Regelmäßig erregen sie den Zorn der anderen und werden deshalb immer wieder auf die eine oder andere Art verlassen, was ihre Gefühle des Verrats und Verlusts bestätigt und noch verstärkt.

Sie merken, dass Sie mit einem Borderliner zusammen sind, wenn Sie angesichts seiner plötzlichen Stimmungsschwankungen und seines scheinbar unstillbaren Bedürfnisses nach Unterstützung dazu neigen, heftige Aggressionen gegen ihn zu entwickeln. »Ich hasse dich, verlass mich nicht.« So lautet das Mantra des Borderliners (und der Titel eines der besten Bücher über das Thema). Heiraten Sie einen Borderliner – dann riskieren Sie, Ihr ganzes Leben in Verwirrung und Unglück zu verbringen.

Schließlich kommen wir zu den Soziopathen, einer besonders gefährlichen Gattung, weil ihnen jene äußerst wichtige innere Instanz fehlt, die wir anderen als fundamentalen Aspekt des Menschseins für selbstverständlich erachten: das Gewissen. Es ist der innere moralische Kompass, der die Richtung für unsere Wechselbeziehungen mit anderen vorgibt – jenes Pflichtbewusstsein, das auf unserer Zuneigung und Treue gründet. Es veranlasst uns, großzügig zu sein und heldenhaft zu handeln, ist die Grundlage jedes Einfühlungsvermögens und ruft Schuldgefühle oder Reue hervor, wenn wir einen anderen Menschen verletzen. Die einschränkende Wirkung des Gewissens auf das eigene Verhalten hängt nicht davon ab, ob wir damit rechnen, erwischt oder bestraft zu werden. Vielmehr spüren wir oder bekamen beigebracht, dass gewisse Handlungsweisen falsch sind, weil sie jemandem Schaden zufügen oder den Gesellschaftsvertrag unterminieren, der uns alle zusammenhält.

Ungeachtet der ethischen Grundsätze oder religiösen Vorstellungen, die unser Verhalten bestimmen, erkennt unser Gewissen an, dass wir ein Teil der Gesellschaft sind und dass die Fairness uns gebietet, andere Menschen so zu behandeln, wie wir von ihnen behandelt werden möchten. Fehlt uns diese Überzeugung, und betrachten wir die anderen lediglich als Objekte, die sich um unseres Vergnügens oder Vorteils willen manipulieren lassen, sind wir Soziopathen, die außerhalb der allgemein verbindlichen Gesetze und Regeln agieren. Wie auch immer solche Personen ihre Absichten verschleiern, am Ende stellt sich immer heraus, dass ihnen eine wesentliche Komponente zu dem fehlt, was uns menschlich macht. Sie können denen, die ihr Leben mit dem ihren verbinden, tiefe Wunden zufügen.

Hinweise darauf, dass wir der Stimme unseres Gewissens folgen, können in Situationen wahrgenommen werden, die vom Trivialen (ein Kassierer gibt Ihnen zu viel Wechselgeld heraus) bis zum Relevanten (Sie haben die Gelegenheit, Ihre Ehefrau zu betrügen) reichen. Die Art und Weise, in der wir unter solchen Umständen reagieren, also inwieweit sich dabei ein Gefühl von Pflicht, Hingabe oder Liebe bemerkbar macht, definiert uns als Menschen. Wie die meisten Charaktereigenschaften existiert auch die Fähigkeit, Schuld zu empfinden oder Verantwortung für das eigene Verhalten zu übernehmen, in mehreren Abstufungen. Wir müssen lernen, die Personen am unteren Ende der Skala zu erkennen: die Unverschämten, die Skrupellosen und die Ausbeuter. Sie werden nicht von Gefühlen der Treue oder der Loyalität zurückgehalten, betrachten das Leben als ein Spiel, und nur das starke Bedürfnis nach Macht und Kontrolle treibt sie an. Die Lüge ist für sie eine übliche Form der Kommunikation, die manchmal sogar dann benutzt wird, wenn es unnötig ist und keinen greifbaren Vorteil bringt.

Leider sind solche Leute oft anhänglich, reizend und in der Lage, Menschen an sich zu ziehen. Obwohl sie immerhin etwa vier Prozent der Bevölkerung ausmachen, bleiben sie für uns andere größtenteils unsichtbar. Viele von ihnen streben hohe berufliche Positionen an, vor allem in der Geschäftswelt (besonders im Verkauf), in der Politik und beim Militär. Sie sind aber auch in allen anderen Bereichen anzutreffen. Ihr charakterliches Kennzeichen ist die Fähigkeit zur Täuschung. Deshalb kann einen die Gegenwart eines Soziopathen in tiefe Verwirrung stürzen. Sobald man sich darüber klar wird, dass die extreme Selbstbezogenheit solcher Personen keinerlei Gedanken an die Rechte und Bedürfnisse der anderen zulässt, wirken sie wie Wesen von einem fremden Stern. Es mangelt ihnen an jenen Gefühlen, für die wir anderen sehr anfällig sind: Scham, Verlegenheit und Reue.

Sie sind impulsiv und leichtfertig, was sie seltsamerweise besonders attraktiv für jene Menschen macht, die ihr eigenes Leben als langweilig empfinden. Diesen verführerischen Reiz charakterisiert Martha Stout in ihrem Buch *The Sociopath Next Door* (dt.: *Der Soziopath von nebenan*, Springer, Wien) folgendermaßen:

> Komm, wir nehmen deine Kreditkarte und fliegen heute Abend nach Paris. Wir greifen einfach auf deine Ersparnisse zurück und gründen dieses Unternehmen. Das klingt vielleicht verrückt, könnte aber mit zwei so hellen Köpfen wie uns großen Erfolg haben. Gehen wir zum Strand hinunter und beobachten den Wirbelsturm. Los, wir heiraten – auf der Stelle. Trennen wir uns doch einfach von deinen langweiligen Freunden, um ganz allein irgendwohin aufzubrechen. Lass uns im Aufzug Liebe machen. Lass uns dein Geld in diesen heißen Tipp investieren, den ich gerade erhalten habe. Setzen wir uns lachend über alle Regeln hinweg. Wollen wir mal sehen, wie schnell dein Wagen fährt? Lass uns ein ausschweifendes Leben führen.

Obwohl diese Leute typischerweise angriffslustig und reizbar sind, enden die meisten von ihnen nicht als Serienmörder. Eher neigen sie – völlig ichbezogen und liebesunfähig – zu kleinen Schwindeleien und lassen viele gebrochene Herzen und ruinierte Leben hinter sich. Wer sich um diese Menschen (90 Prozent davon sind Männer) kümmert, tut dies auf eigene Gefahr. Mit einem von ihnen eine Beziehung anzufangen, zeugt von mangelnder Vorstellungskraft, was schließlich dazu führt, dass man ihre Lügen für bare Münze nimmt. Die Gewissenhaften unter uns können sich kaum vorstellen, wie man derart schamlos und aus reinem Eigeninteresse handeln kann.

Ein Mann, der nach einer langen kriminellen Laufbahn eine Gefängnisstrafe verbüßte und den ich als Gutachter beurteilte, beschrieb mir, wie er ungedeckte Schecks bei einer Bank einlöste. Er erschien im Anzug und wählte sich die (stets weibliche) Person an der Kasse aus, die am verletzlichsten wirkte. Während er sich ihr näherte, öffnete er die Jacke, sodass die Handschellen an seinem Gürtel sichtbar wurden. Er gab sich nie als Polizist aus und brauchte sich daher auch nie die Mühe zu machen, einen Polizisten nachzuahmen. Die Handschellen und sein sicheres Auftreten genügten, um den Scheckbetrag ausgezahlt zu bekommen.

Indem man solche Personen als »unehrlich« bezeichnet, untertreibt man ihre Entschlossenheit, die Menschen ringsum auszunutzen. Oft sind sie sehr intelligent und geschickt darin, Gefühle wie etwa Reue vorzutäuschen. Dank ihrer überzeugenden Maske können sie sich den gesetzlichen Folgen ihres Tuns häufig entziehen, vor allem in jungen Jahren. Richter, Sozialarbeiter und Therapeuten – Menschen also, die es besser wissen sollten – werden durch die scheinbar aufrichtige Reue und die falschen Versprechungen der Soziopathen oft hinters Licht geführt, weshalb unser Rechtssystem sie eher mit Nachsicht behandelt, bis weitere Straftaten ihren wahren Charakter enthüllen. Das ist bedauerlich, denn wegen ihrer fehlenden Skrupel ändern Soziopathen ihr Verhalten im Allgemeinen nur, wenn sie durch die Konsequenzen ihres Verhaltens dazu gezwungen werden.

Manchmal verstecken sich Soziopathen – Lehrer, Ärzte, ja selbst Therapeuten – hinter der Fassade ihrer beruflichen Leistung. Vor einigen Jahren tötete eine Pflegerin in einem Altenheim in Massachusetts ihre Patienten mit einer Überdosis Adrenalin. Nachdem sie schließlich überführt und verurteilt worden war, fragten sich Leute, die sie kannten, immer wieder: »Warum hat sie das getan?« Die Opfer waren Fremde für sie, und deren Tod hatte ihr offenbar keinerlei Vorteile verschafft. Als ich von dieser Geschichte erfuhr, dachte ich an die Fabel vom Hasen und vom Skorpion, die sich am Ufer eines Flusses begegnen. Der Skorpion bittet den Hasen, ihn auf den Rücken zu nehmen und zur anderen Seite zu schwimmen. Verständlicherweise zögert der Hase, aber der Skorpion beruhigt ihn. Drüben angekommen, sticht er ihn. Sterbend fragt der Hase: »Warum hast du das getan?« Und der Skorpion antwortet: »So bin ich eben.«

Das deutlichste Zeichen dafür, dass man es mit einem selbstbezogenen Menschen zu tun hat, ist das Gefühl, dass er einem nicht wirklich zuhört. Im Gespräch mit ihm hat man den Eindruck, er denke über seine nächsten Ausführungen nach, anstatt dem zu lauschen, was ihm mitgeteilt wird. Bei einer Auseinandersetzung hält er meistens an seiner Position fest und ändert auch angesichts neuer Tatsachen selten seine Meinung. Diese Eigenschaft, die oft in politischen Diskursen zum Ausdruck kommt, ist mehr als nur Starrköpfigkeit. Sie spiegelt eine totale Identifikation mit den eigenen Ansichten wider, die der Logik ebenso wenig Zugang gewährt wie den Erfahrungen anderer.

Extrem verbohrte und rechthaberische Menschen halten oft an ihren Überzeugungen fest, um sich die Welt irgendwie einfacher zu machen – und weil sie Angst vor der Ungewissheit haben. Es kann aber auch sein, dass sie ihren Meinungen einfach deshalb den Glanz der »Wahrheit« verleihen, weil sie irgendein wichtiges persönliches Interesse in Gefahr sehen. Obwohl wir gewohnheitsmäßig Lippenbekenntnisse zur Selbstlosigkeit ablegen, haftet den starr vertretenen Überzeugungen hinsichtlich dessen, wie die Gesellschaft in diesem Sinne organisiert werden sollte, häufig etwas Selbstsüchtiges an, bisweilen sogar in eklatanter Weise. Daher überrascht es keineswegs, dass zum Beispiel die Reichen dazu neigen, die Welt durch die konservative Brille zu betrachten und Wohlfahrtsprogramme als unrechtmäßige Versuche zu brandmarken, den Reichtum gerade unter den Leuten neu zu verteilen, die ihn angeblich nicht verdient haben.

Auf der persönlichen Ebene offenbart sich die Selbstbezogenheit im Anspruchsdenken sowie in der Missachtung gesellschaftlicher Regeln und Übereinkünfte, sobald diese dem eigenen Interesse und Komfort zuwiderlaufen. Ein Beispiel dafür ist die Nutzung eines Behindertenparkplatzes durch einen gesunden Menschen. Diejenigen, die in Prüfungen tricksen, sich in der Warteschlange nach vorn drängeln oder lügen, wenn ihnen dadurch Vorteile erwachsen – kurzum all die Menschen mit einer zynischen Einstellung bezüglich der Mittel, die für den Erfolg im Leben notwendig sind, haben oft einfach die Angewohnheit, jede Situation danach zu bewerten, was ihnen am meisten einbringt. Bar jedes Pflichtgefühls gegenüber anderen mögen solche Leute zumindest kurzfristig erfolgreich sein, wodurch sich ihr egozentrisches Verhalten noch verstärkt. Allerdings sind sie keine geeigneten Kandidaten für engagierte Beziehungen, die auf Geben und Nehmen beruhen und ein Bewusstsein dafür erfordern, was der Partner braucht.

Bei einer selbstbezogenen Person hat man das Gefühl, ihr fehle eine wesentliche menschliche Eigenschaft. Wie bereits erwähnt handelt es sich dabei um das Einfühlungsvermögen oder das Gewissen, die beide einen gewissen Respekt vor den Bedürfnissen anderer voraussetzen. Ein derartiges Defizit äußert sich auf mannigfache Weise, aber besonders irritierend ist die Erkenntnis, dass der Mensch, mit dem man zusammenlebt, einen hauptsächlich als Quelle der Bewunderung ansieht. Wenn Sie bereit sind, diese Rolle zu spielen, sind Sie in der Beziehung willkommen – solange Ihr eigenes Bedürfnis nach Wertschätzung nicht in Konflikt gerät mit Ihrer Aufgabe, uneingeschränkt Beistand zu leisten und Anerkennung zu zollen.

An dieser Stelle sind einige Fragen zu stellen, die jene Charaktereigenschaften noch stärker beleuchten und hervorheben: Ist diese Person bescheiden oder anmaßend? Wie gut kann sie mit Meinungsverschiedenheiten umgehen? Besitzt sie die Fähigkeit zuzuhören? Ändert sie je ihre Ansichten? Scheint sie extrem eitel oder dauernd mit Äußerlichkeiten beschäftigt zu sein? Kann sie über sich selbst lachen?

Angst ist das Gefängnis des Herzens

Menschen mit Wesenzügen, die sich in Sorge und Angst manifestieren, leiden und suchen Rettung. Die Beziehung zu ihnen ist nicht etwa deshalb schwer, weil sie andere bewusst verletzen, sondern weil sie einfach an den Kräften derjenigen zehren, denen sie sich nah fühlen. Ängste und Unsicherheiten legen ihrem Dasein Beschränkungen auf, die dazu führen, dass sie vor allem mit sich selbst beschäftigt sind. Wenn man einer solchen Person begegnet, ist es nur natürlich, auf die Mittel der Beruhigung und der Logik zurückzugreifen. Dass dies gewöhnlich nicht lange funktioniert, enttäuscht die Leute, die hier helfen wollen, immer wieder. Angst ist ansteckend. Daher kostet es viel Mühe, in Gegenwart einer Person, deren Charakterzüge in einer beherrschenden, oft irrationalen Angst vor der Welt und den Menschen zum Ausdruck kommen, nicht nervös zu werden.

Ängstliche Menschen sind oft gehemmt. Sie rechnen damit, beschämt und gedemütigt zu werden, und stellen sich vor, dass andere unangemessene Urteile über sie fällen. Sie reagieren empfindlich auf jede Form der Zurückweisung. Wir alle befürchten manchmal, dass andere nicht gut von uns denken, uns nicht respektieren oder nicht unsere Freunde sein wollen. Doch diese Menschen haben einen sehr starken Hang, Kontakte zu vermeiden, und steigern ihre Angst derart, dass sie schließlich annehmen, die meisten Leute stünden ihnen kritisch und ablehnend gegenüber. Folglich entwickeln sie eine chronische Schüchternheit und den starken Widerwillen, im zwischenmenschlichen Bereich Risiken einzugehen. Sie werden den Panzer ihres Selbstschutzes erst ablegen, wenn man sie der uneingeschränkten Zustimmung versichert, was anderen viel abverlangt.

Es handelt sich hier um einsame und bedürftige Menschen. Ihr wesentliches Problem geht auf ein beschädigtes Selbstbild zurück und auf ständige Zweifel an der eigenen Tauglichkeit. Wenn sie eine Beziehung eingehen, gründet diese gewöhnlich auf Abhängigkeit und ist von Misstrauen und Angst vor möglicher Zurückweisung geprägt. Sie bleiben stets äußerst wachsam, und es ist schwer, sie in irgendeine Diskussion über ihre Gefühle zu verwickeln. Aufgrund ihrer gehemmten, selbstquälerischen Art sehen sie sich oft in der Erwartung bestätigt, abgelehnt zu werden. Ihre Lebenserfahrung verstärkt also ihre Überzeugung, dass andere sie meiden. Diese Einstellung wiederum macht sie empfänglich für Gefühle der Einsamkeit und für Depressionen. Es sind Menschen, die oft bereits in ihrer Kindheit und Jugend drangsaliert werden, was ihrem Glauben, sie seien unzulänglich und die anderen hätten nur Böses im Sinn, Vorschub leistet.

Da sie schrecklich schüchtern und auf unrealistische Weise selbstkritisch sind, wirken solche Menschen auf einige großzügige Seelen wie ein willkommener Kontrast zum ichbezogenen Typ des Narziss. In der Tat ist die Vorstellung, man könne ihre emotionale Erfahrung heilsam beeinflussen, durchaus verlockend. Sicherlich wird ihre tief sitzende Angst auf Fürsorglichkeit und Unterstützung von außen ansprechen und es ihnen ermöglichen, allmählich Vertrauen zu entwickeln und im gesellschaftlichen Umgang geschickter zu werden. Aber wer es sich zur Aufgabe macht, solche Menschen zu retten in der Hoffnung, sie auf die eigenen Stärken aufmerksam machen und ihnen Selbstbewusstsein einflößen zu können, hat eine schwere Zeit vor sich. Gefühle persönlicher Unzulänglichkeit und Argwohn gegenüber anderen lassen sich im Allgemeinen nicht durch Logik ändern, eben weil sie von Anfang an nicht durch Logik hervorgerufen wurden. Der Gedanke, man könne jemandem »beibringen«, ein anderer Mensch zu werden, trägt zwar Früchte im Theater oder im Musical *(My Fair Lady)*, führt aber im wirklichen Leben häufig zu Misserfolg und Enttäuschung. Jemanden lieben zu wollen, der sich selbst nicht liebt, ist gewöhnlich eine desillusionierende Erfahrung.

Die Angst kann auch in dem zum Ausdruck kommen, was gemeinhin als Abhängigkeit bezeichnet wird. Hier haben wir es mit Leuten zu tun, die vor allem das Bedürfnis haben, umsorgt zu werden. Fast jeder von uns hat den Wunsch, den Mittelpunkt im Leben eines anderen Menschen zu bilden. Von denen, die allzu anhänglich sind, unterscheiden wir uns nur graduell. In den meisten Fällen behalten wir aber die Fähigkeit, für uns selbst zu sorgen, was uns erlaubt, eigenverantwortlich zu handeln und allein zu sein. Diejenigen, die das nicht schaffen, können nur schwer Entscheidungen treffen, denn sie bedürfen ständig der Rückversicherung durch andere. Dafür sind sie übertrieben aufopfernd und bereit, alle Arten von emotionaler und physischer Misshandlung hinzunehmen. Nicht von ungefähr sind sie überrepräsentiert in der Gruppe der schikanierten Ehefrauen – gewillt, lange Zeit unvorstellbares Leid zu erdulden, und unfähig, anderen eine Antwort auf die Frage zu geben: »Warum verlässt du ihn nicht?«

Abhängige Menschen haben Mühe, Entscheidungen zu treffen, und seien sie auch noch so unbedeutend. Es fällt ihnen schwer, sich durchzusetzen. In Beziehungen fügen sie sich und sind äußerst zurückhaltend. Aufgrund ihres mangelnden Selbstvertrauens geben sie nicht den Anstoß zu Aktivitäten und ziehen es vor, dass andere beschließen, was geschehen soll. Sie haben Angst, verlassen zu werden, und klammern sich an jene, die sie als zuverlässige Quelle der Kraft und des Beistands betrachten.

Erneut sind wir mit den Konsequenzen einer geringen Selbstachtung konfrontiert, die in diesem Fall so schwach ausgeprägt ist, dass sich ein abhängiger Mensch nur eine Beziehung vorstellen kann, in der er sein Leben in die Hände des Partners legt. Diese Unterwürfigkeit wirkt abstoßend auf die meisten Menschen, die an Unabhängigkeit und den Prozess des Gebens und Nehmens gewöhnt sind, der gesunde Beziehungen kennzeichnet. Einige jedoch – zumal jene, die das Bedürfnis haben, andere zu beherrschen – wählen gezielt Personen mit Merkmalen der Abhängigkeit aus. Ein weitverbreitetes Beispiel für diesen Mechanismus ist die abhängige Frau, die um der Sicherheit willen einen dominanten Mann heiratet, sich dann aber, wenn sie heranreift und selbstständiger wird, über seine Versuche aufregt, sie unter Kontrolle zu halten.

Und hier kommt das Paradox: Wer ständig befürchtet, im Stich gelassen zu werden, wird oft genau diese leidvolle Erfahrung machen. Einige von uns finden es schmeichelhaft, mit einem Menschen zusammen zu sein, der sie offenbar so sehr liebt, dass er sie kaum aus den Augen lassen kann, der bei jeder Entscheidung Hilfe braucht, der sich ohne Zögern ihrem Willen unterordnet und eindeutig auf sie angewiesen ist, um sich geborgen zu fühlen. Doch nicht viele haben die Kraft und die Geduld, zwei Leben gleichzeitig zu führen, das eigene und das von jemand anderem. Sind Sie also bereit, die einzige emotionale Zuflucht für den Menschen zu sein, der Ihre Nähe sucht?

Niemand ist ganz frei von Ängsten. Andernfalls würden wir keine Risiken eingehen und wären uns völlig gewiss, wer wir sind und was wir tun. Angesichts der Unsicherheiten, mit denen wir alle zu kämpfen haben, müssten wir der Realität entfliehen, um die Angst gänzlich auszuschalten. Nichtsdestotrotz können wir die Nachteile jener *übertriebenen* Angst erkennen, die uns fortwährend mit Sorgen erfüllt – was zur Folge hat, dass unser Leben von unrealistischen Ängsten beherrscht wird.

Der Umgang mit Menschen, die von einer ständigen, unbegründeten Angst gequält werden, die ihr Verhalten ebenso einschränkt wie ihre Wahlmöglichkeiten, gestaltet sich äußerst schwierig. Da Angst ansteckend ist, greift sie tatsächlich auch auf andere über. Auf eine Person einzugehen, die immer wieder die seltsamsten Sorgen äußert, erweist sich oft als vergebliche Übung, sie zu beruhigen und zu bestärken. Wir alle haben in der Kindheit erfahren, was es heißt, mit dem Entsetzen fertig zu werden – mit dem Ungeheuer unter dem Bett oder der Dunkelheit voller eingebildeter Gefahren. Hier handelt es sich um Urängste, die immun sind gegen gutes Zureden, weil sie tiefere Probleme wie Hilflosigkeit und fehlende Kontrolle symbolisieren. Wiederholte Versuche, dem oder der anderen Rückhalt zu geben, können sogar den gegenteiligen Effekt haben und die Angst noch verstärken: »Warum sagen mir die Leute andauernd, dass alles okay ist?«

Angst führt zu zahlreichen Ausweichmanövern. Wenn große Menschenansammlungen uns beklommen machen, ist es nur natürlich, dass wir sie vermeiden. Obwohl diese Strategie kurzfristig ihren Zweck erfüllt, kann sie mit der Zeit ein Verhaltensmuster hervorrufen, das auf Rückzug beruht und immer weniger soziale Kontakte gestattet, ja in extremen Fällen eine Agoraphobie auslöst, bei der man vor lauter Angst das Haus überhaupt nicht mehr verlässt. Die Phobie hindert einige Menschen, in bestimmten Bereichen frei zu agieren, etwa Auto zu fahren, zu fliegen, in der Öffentlichkeit zu sprechen oder Brücken zu überqueren.

Wer übervorsichtig und ganz auf Sicherheit bedacht ist, gründet seine Einstellungen und Verhaltensweisen auf die offenbar erwiesene Tatsache, dass permanent irgendwelche schlimmen Dinge geschehen. Kinder werden entführt, Flugzeuge stürzen ab, Autos stoßen zusammen, Gewaltverbrecher begehen ihre Untaten, Gebäude stürzen ein. Das alles ereignet sich in einer Welt voller zufälliger Katastrophen. Die Wahrscheinlichkeit, dass eine dieser Katastrophen jemandem von uns zustößt, ist zwar gering, aber ihre schrecklichen Folgen und ihre Unvorhersehbarkeit fallen umso schwerer ins Gewicht.

Daher fällt es denjenigen, die von Angst und Sorge beherrscht werden, äußerst schwer, sich jenes friedliche Leben mit wenig Stress zu vergegenwärtigen, das die meisten von uns ersehnen. Die Angst verursacht bei ihnen eine Art überhöhte Wachsamkeit, die sich quasi selbst speist. Schließlich gelangen sie in einen Zustand, wo sie sogar Angst vor der Angst bekommen. Ihre Befürchtungen verlieren jeden Bezug zur Realität, und ihr Rückzug vom Leben nimmt gravierende Formen an. Das Paradox besteht darin, dass eine übertriebene Erwartung der Katastrophe eher Unglück als Sicherheit garantiert. Das Leben schrumpft zusammen, die Wahlmöglichkeiten werden immer geringer, und sogar der Schlaf des Betreffenden verschlechtert sich. Sein Körper – durchflutet von Adrenalin aufgrund des Drangs, entweder zu kämpfen oder zu fliehen – leidet. Während wir auf die Katastrophe warten, werden wir zu Hypochondern des Geistes.

Ängstliche Menschen erwecken in uns den Wunsch, sie zu beruhigen. Doch ohne psychologische Behandlung (oft verbunden mit Medikation) können sie ihre irrationalen Ängste nicht loslassen. Wegen ihrer ständigen Sorgen sind sie keine gute Gesellschaft. Zudem besteht die große

Gefahr, dass sie als Eltern überfürsorglich sind und ihre Ängste an die Kinder weitergeben.

Bei unseren frühen Versuchen, den richtigen Partner auszuwählen, resultieren viele Fehler aus einem Missverständnis hinsichtlich der Art, wie Menschen sich ändern, und unserer stets begrenzten Fähigkeit, die Einstellungen und das Leben eines ängstlichen Menschen nachhaltig zu beeinflussen. Ein ängstlicher Mensch erzeugt in uns die Vorstellung, ihn durch immer neue Bestätigungen von seinen Ängsten befreien zu können. Das weist auf eine großzügige Überschätzung der Macht der Liebe hin, infolge deren wir jene enormen Kräfte der Gewohnheit und der biologischen Verletzlichkeit ignorieren, die nicht anpassungsfähigen Ängsten zugrunde liegen. Wir alle kennen die sich wiederholenden Geschichten von Leuten, die glauben, das Objekt ihrer Zuneigung werde sich nach der Hochzeit vollkommen ändern: zu trinken aufhören, verantwortungsbewusster mit Geld umgehen, seine Wut oder Angst besser beherrschen.

Es ist nicht schwer, solche Symptome bei anderen festzustellen. Unbegründete Ängste, Ausweichmanöver und übermäßige Sorgen sind allesamt augenfällig – selbst für die Personen, die darunter leiden. Zwar stimmt es, dass Menschen im Laufe ihres Lebens zu großen Änderungen imstande sind, und tatsächlich basiert die ganze psychotherapeutische Praxis auf dem Vermögen von Patienten, zu neuen Einsichten zu gelangen, die dann zu anpassungsfähigeren Verhaltensweisen führen. Doch die Annahme, jeder von uns besitze die Gabe, tief verwurzelte Charaktereigenschaften und Wahrnehmungsmuster zu ändern, führt wohl eher zur Enttäuschung. Niemand ist sonderlich geschickt darin, die gewohnten Einstellungen und Handlungen eines anderen Menschen zu korrigieren. Deshalb führen unsere diesbezüglichen Versuche häufig zu Frustration und Verärgerung.

Leihen Sie sich Geld stets von einem Pessimisten: Er erwartet nicht, dass Sie es ihm zurückzahlen

Betrachten Sie jene schwer zufriedenzustellenden Menschen mit einer zwanghaften Persönlichkeitsstörung. Das sind Perfektionisten, deren Angst, die Kontrolle zu verlieren, sich in dem Bedürfnis ausdrückt, die Angelegenheiten in ihrem Leben auf verblüffende Weise einzuteilen. Vielleicht sind die Konservendosen in ihrem Küchenschrank alphabetisch geordnet. Vielleicht sind sie derart auf vorbereitende Maßnahmen und Einzelheiten fixiert, dass dadurch ihre Fähigkeit, irgendeine Aufgabe zum Abschluss zu bringen, ernsthaft eingeschränkt wird. Solche Leute sind häufig hervorragende Schüler, Studenten und Arbeitskräfte, gewissenhaft und respektvoll gegenüber Autoritäten. Viele von ihnen scheinen die Arbeit der Freizeit vorzuziehen. Dabei haben sie die Neigung, ihnen nahestehende Menschen mit ihrer Strenge und ihrem Bedürfnis nach Kontrolle fast zum Wahnsinn zu treiben. Sie mögen es, wenn alles nach ihrem Willen geschieht. Und während sie unter Stress typischerweise in ein zwanghaftes Verhalten zurückfallen, sind sie besonders empfänglich für Depressionen, weil ihr Wunsch nach Vollkommenheit in einer höchst unvollkommenen Welt nie erfüllt werden kann.

(Verwechseln Sie diesen Persönlichkeitstyp übrigens nicht mit den sogenannten »Zwangsstörungen«, die durch Angst ausgelöst werden. Menschen mit derartigen Symptomen sind zum Beispiel Kontroll- oder Reinlichkeitsfanatiker, die sich gezwungen fühlen, bestimmte, von ihnen selbst als sinnlos erachtete Rituale auszuführen, oder die damit kämpfen, unerwünschte Gedanken beziehungsweise Bilder zu unterdrücken. Während sie von ihrer Störung und den Beschränkungen, die sie ihnen auferlegt, gequält werden, rechtfertigen Menschen mit einer zwanghaften Persönlichkeitsstörung ihren Drang meistens damit, dass sie in ihrem Leben eine notwendige Ordnung aufrechterhalten müssen.)

Häufig sind es Leute, die alles aufheben, weil sie unfähig sind, sich von alten Zeitungen, Kleidungsstücken oder Besitztümern zu trennen, die sie nie wieder benutzen werden. Sie neigen zu Halsstarrigkeit und Geiz, sowohl im Hinblick auf Geld als auch auf Sympathie. Oft sind sie allzu kopflastig und haben Probleme mit Gefühlen, ihren eigenen oder denen der anderen. Sie stecken viel Zeit in die Planung, verspäten sich aber gewöhnlich bei der Ausführung, weil sie unablässig um Details kreisen. Selten sind sie zufrieden – und häufig empören sie sich über die Unzulänglichkeiten ihrer Umwelt. Sie sind äußerst kritisch, und am schärfsten urteilen sie über ihr eigenes Unvermögen, ihren hohen Anforderungen gerecht zu werden. Sie erstellen Listen und richten ihre ganze Aufmerksamkeit auf »Produktivität«. Sie sträuben sich, Ferien zu machen, und wenn sie dann doch einmal wegfahren, nehmen sie oft Arbeit mit und bleiben mit dem Büro elektronisch verbunden. Reisen mit ihnen können in Gewaltmärsche von einer Sehenswürdigkeit zur nächsten ausarten. Am Strand zu sitzen halten sie für »reine Zeitverschwendung«.

Durch das Leben dieser Menschen zieht sich folgendes Paradox wie ein roter Faden: Gerade das zwanghafte Bedürfnis nach Kontrolle führt zu einem Verlust der Kontrolle. (Daher das Sprichwort: »Das Vollkommene ist der Feind des Guten.«) Jede Verletzung der Regeln wird zum Riss in der Fassade ihrer Vorstellung davon, wie die Dinge sein sollten. Sie sind Pessimisten, belastet durch das Wissen, dass es unmöglich ist, alles und jeden um sich herum zu kontrollieren. Sie lassen sich ausgesprochen leicht entmutigen. Sie neigen zu konservativen Auffassungen, sind häufig religiös (noch mehr Regeln) und fühlen sich unwohl mit der »Dekadenz« und Sittenlosigkeit, von denen sie sich umgeben sehen. Die Vergangenheit erscheint ihnen besser als die Zukunft.

Da sie ständig Selbstkritik üben, sind sie auch streng gegen andere. Folglich gestaltet sich das Zusammenleben mit ihnen schwierig, zumal sie gewöhnlich auch sehr intolerant gegenüber jener Unordnung und Fehlbarkeit sind, die Kinder kennzeichnen. Manchmal jedoch kann die Liebe sie dazu bringen, Ausnahmen zu machen. Mein Vater, zum Beispiel, war orthopädischer Chirurg, ein typischer Workaholic (Würden Sie einen unbeschwerten, lockeren Chirurgen bevorzugen?) und höchst unnachsichtig in seinen Urteilen. Aber irgendwie schaffte er es, für meine Mutter und mich einen bewohnbaren Raum zu schaffen, in dem die Liebe über den Perfektionismus siegte: Er war auch ein besonders toleranter Ehemann und Vater. Wenn er indes bei meinen Eishockeyspielen zugegen war, sprach er danach eher über Details wie die Schlittschuhe oder die Stöcke als über den Ausgang des Spiels selbst.

Man muss sich gut überlegen, ob man mit jemandem eine Beziehung eingehen will, der zu sehr mit Ordnung und Kontrolle beschäftigt ist – es sei denn man ist stark abhängig oder theatralisch und braucht Hilfe, um das eigene Leben zu organisieren. Vorausgesetzt, dass keiner von Ihnen beiden sich ändert und Sie ein hohes Maß an Toleranz gegenüber Langeweile entwickeln, könnten Sie bis ans Ende Ihrer Tage glücklich miteinander leben.

Ähnliche Charakterzüge beobachten wir bei Personen, deren Hauptmerkmal als »depressiv« bezeichnet wird. In dieser Gruppe finden wir jene, die eine typisch düstere und uneingeschränkt pessimistische Weltanschauung haben. Der Begriff *Depression* wird im Allgemeinen verwendet, um vorübergehende Stimmungswechsel zu beschreiben, die völlig normale Reaktionen auf momentane Rückschläge darstellen können, zum Beispiel Zurückweisung in der Liebe, schlechte Prüfungsergebnisse oder ein kleinerer Verkehrsunfall. Menschen mit einer depressiven Persönlichkeit sind jedoch von einer ebenso chronischen wie dominanten Aura der Unzulänglichkeit, Sinnlosigkeit und Selbstanklage umgeben. Ihr Leben ist erfüllt von Sorge, und sie sind fast unfähig, Vergnügen zu empfinden. Wie bei den Menschen mit zwanghaften Zügen richtet sich ihre Neigung zur Selbstkritik häufig auch auf andere und kommt zum Ausdruck in Form harter Urteile über jene, die ihnen am nächsten stehen. Der Umgang mit diesen Leuten erweist sich als äußerst schwierig.

Indem sie sich ständig selbst erniedrigen, erwecken sie Erlöserfantasien in denen, die glauben, sie retten zu können. Typischerweise macht ein fürsorglicher Freund oder Verwandter zahlreiche Versuche, der depressiven Person zu versichern, dass sie zu hart mit sich ins Gericht gehe. Gerade die hervorstechenden Charaktereigenschaften der depressiven Person – Negativität und irrationale Schuldgefühle – sind dann oft Gegenstand logischer Auseinandersetzungen mit dem Ziel, auf die Stärken der Person und ihren fundamentalen Wert zu verweisen. Sobald sich jedoch herausstellt, dass diese Ansätze nicht greifen, ist der Retter gewöhnlich verzweifelt und verärgert, was wiederum zu Distanzierung und Ablehnung führt und den depressiven Menschen in seiner erklärten Überzeugung bestätigt, er sei wertlos und das Leben habe keinen Sinn.

Manchmal bringt sich die Depression genau wie die Angst in Demut zum Ausdruck, die in einer Welt der selbstbezogenen Zurschaustellungen als bewundernswürdige Eigenschaft erscheinen mag. Allerdings besteht ein großer Unterschied zwischen Bescheidenheit und Niedergeschlagenheit. Letztere entzieht jedem Augenblick das Vergnügen, wirkt lähmend und ansteckend. Unsere Verbindung mit einem bedrückten Menschen sagt zwangsläufig auch etwas über unsere Hoffnungen hinsichtlich des eigenen Lebens aus. Stellt es uns etwa zufrieden, neben ihm zu grübeln und Sorgen zu hegen? Glauben wir, ihn davon überzeugen zu können, dass die Anstrengung, glücklich zu sein, ein Risiko darstellt, das einzugehen sich lohnt? Beabsichtigen wir, seine chronischen Gefühle der Schuld und der Reue in uns aufzunehmen?

Die Entscheidung, einer solchen Person näher zu kommen und sie durch Sympathiebekundungen und Liebe vor sich selbst zu retten, wird sich auf lange Sicht wohl kaum als glücklich erweisen. Da die Welt nun einmal so ist, wie sie ist, bieten sich den Pessimisten unter uns genügend Gelegenheiten, ihre düsteren Ausblicke zu rechtfertigen. Und schließlich werden sie – wie die Hypochonder – Recht behalten: Jedes Leben nimmt ein schlechtes Ende. Der Versuch, ihnen einzureden, dass man trotz dieser entmutigenden Tatsache glücklich sein kann, mündet gewöhnlich in Enttäuschung. Depressive Menschen sind die schwarzen Löcher des psychiatrischen Universums – Fallen selbst für das Licht, das ihre wohlmeinenden Freunde einsetzen wollen, um sie aus der Dunkelheit zu führen.

Wir leben in einer Gesellschaft, die das menschliche Leiden medizinisch behandelt. In dem Bemühen, geistigen Störungen das Stigma zu nehmen, haben wir viele Verhaltensmuster – etwa die Neigung zur Trunksucht – neu als Krankheiten definiert. Daraus kann die Auffassung resultieren, dass jede Art von Störung im »Stimmungshaushalt« – auch wenn sie in unserer Persönlichkeit verankert ist – der medizinischen Behandlung bedarf. Dieses Konzept missachtet die Tatsache, dass wir letztlich alle dafür verantwortlich sind, wie wir die Welt interpretieren und mit den Menschen darin interagieren. Falls wir auf die deprimierenden Aspekte des Lebens fixiert bleiben, auf seine scheinbare Zufälligkeit, die Häufigkeit leidvoller Erfahrungen, die Illusion der Kontrolle, die Unausweichlichkeit von Alter und Tod, die zahlreichen Möglichkeiten, dass unsere größten Hoffnungen enttäuscht werden, sind wir stets unglücklich und den Menschen in unserer Nähe eine Last. Dann mag unser Leben an die Geschichte jener Frauen erinnern, die in den wunderschönen Catskill Mountains zu Mittag essen. Die eine sagt: »Das Essen hier ist scheußlich!«, worauf die andere erwidert: »Genau, und außerdem geben sie einem so kleine Portionen.« Einer derartigen Einstellung kann man nicht entrinnen. Denken Sie also lieber zweimal nach, bevor Sie Ihr Leben mit dem einer solchen Person verbinden.

Und dann gibt es jene Menschen, die man als passiv-aggressiv bezeichnet. Bei ihnen kommen Negativität und Mutlosigkeit indirekt zum Ausdruck, zum Beispiel darin, dass sie einfach Dinge »vergessen« und das Tempo drosseln. Sie widersetzen sich der Forderung, in einer Weise tätig zu werden, wie sie von allen anderen erwartet wird. Beim Erledigen der ihnen übertragenen Aufgaben fallen sie vor allem durch Zaudern und Unfähigkeit auf. Bei Gruppenaktivitäten bringen sie sich kaum ein. Naturgemäß erregen solche Gewohnheiten viel Ärger im Umfeld, zumal bei den Arbeitskollegen der passiv-aggressiven Menschen, wodurch diese wiederum das Gefühl haben, nicht geschätzt und missverstanden zu werden. Typischerweise beklagen sie sich dauernd und stehen jeder Autorität ablehnend und feindlich gegenüber.

Ihre Erfolglosigkeit sowohl in beruflicher als auch in gesellschaftlicher Hinsicht macht sie wütend und gekränkt. Sie blicken pessimistisch in die Zukunft und haben ständig den Eindruck, das Leben sei ungerecht zu ihnen. Häufig sind sie mürrisch und streitsüchtig, neidisch auf den Erfolg anderer und überzeugt, zu den Verlierern zu gehören.

Sie fühlen sich ziemlich ohnmächtig. Diese Haltung ist beispielsweise charakteristisch für Kinder, die sich gegen die elterliche Autorität auflehnen. Wegen ihrer relativ geringen physischen und psychischen Größe können sie das nicht offen tun. Aber sie können langsamer machen, Dinge »vergessen« und nur schwache Leistungen erbringen. Selbstverständlich frustriert ein solches Verhalten die Eltern, die es darauf zurückführen, dass die Kinder »nicht zuhören« oder nicht richtig begreifen, was von ihnen verlangt wird. Dies zieht wiederholt Rügen und Standpauken nach sich, die ignoriert werden und bei den Kindern noch mehr Ressentiments hervorrufen. Der Kreislauf setzt sich zusammen aus Belehrungen, ausbleibender Leistung, Wut, Kritik und weiteren Belehrungen. Wenn derartige Interaktionen zur Gewohnheit werden, besteht die Gefahr, dass sich der passive Widerstand gegen die Autorität zu einem festen Bestandteil der kindlichen Persönlichkeit entwickelt. Dies aber ist keine wirkungsvolle Strategie für langfristigen Erfolg, weder am Arbeitsplatz noch in zwischenmenschlichen Beziehungen.

Denken Sie nur einmal an Personen in Ihrem Bekanntenkreis, die immer zu spät eintreffen, meistens mehr versprechen, als sie halten können, und Probleme haben, ihren Verpflichtungen nachzukommen. Dass sie sich nicht gebührend geschätzt fühlen und ständig über jene ärgern, die mehr Erfolg haben als sie, erschwert den Umgang mit ihnen zusätzlich. Da sie gute Absichten zu hegen scheinen, braucht man eine Weile, um die Disparität zwischen ihren

Worten und ihrem Verhalten zu entdecken. Nicht eingelöste Versprechen sind hier eher das Resultat von Feindseligkeit als von Geistesabwesenheit. Falls Sie angesichts der nicht erbrachten Leistung eines Menschen zwischen Ratlosigkeit und Wut schwanken, sollten Sie sich die Merkmale des »passiv-aggressiven« Charakters vergegenwärtigen.

Wichtig ist bei all diesen unterschiedlichen Persönlichkeitstypen, dass sie selten in reiner, leicht erkennbarer Form auftreten. Sonst hätten wir ja wohl kaum Mühe, sie zu durchschauen und ihnen aus dem Weg zu gehen. Vielmehr gibt es zwischen ihnen eine ganze Reihe von Überschneidungen. Außerdem legen wir alle manchmal Eigenschaften an den Tag, die unsere Fähigkeit beeinträchtigen, von anderen Menschen zu bekommen, was wir uns wünschen.

Zum Beispiel besteht eine natürliche Reaktion auf die Anweisung, was man zu tun hat, gerade darin, sich dieser so lange zu widersetzen, bis einem erklärt wird, warum man es tun soll und warum die zugeteilte Aufgabe für einen selbst oder für das Unternehmen, in dem man arbeitet, wichtig ist. Bleibt eine solche Erklärung aus, gelangt man vielleicht zu der Überzeugung, die Anweisung sei unzulässig und man verschwende bei ihrer Ausführung nur unnötig viel Kraft und Zeit. Dann hat man die Wahl, entweder um einige Erläuterungen zum Zweck der Sache zu bitten oder die Aufgabe hinauszuschieben oder sie infolge mangelnder Begeisterung unwillig und mehr schlecht als recht zu erledigen. Meine Lieblingsgeschichte in diesem Zusammenhang handelt von einem Chef, der fest entschlossen ist, unter den Angestellten seiner Firma eine hundertprozentige Beteiligung an der Kampagne für den »Vereinigten Fonds« zu erzielen. Darüber informiert, dass einer der Arbeiter sich weigere, dafür etwas zu spenden, bestellt er ihn zu sich. »Johnson«, sagt der Chef, »lassen Sie es mich so ausdrücken: Entweder Sie steuern etwas dazu bei – oder Sie sind gefeuert.« Daraufhin erwidert der Arbeiter: »Ich würde sehr gern etwas dazu beisteuern.« Überrascht fragt der Chef: »Aber warum haben Sie es dann nicht schon vorher getan?« Und der Arbeiter antwortet: »Bis jetzt hat mir noch niemand den ›Vereinigten Fonds‹ erklärt.«

Mit anderen Worten: Es kann durchaus sein, dass wir eine passiv-aggressive Haltung gegenüber unserer Arbeit oder unseren persönlichen Verpflichtungen einnehmen. Wenn dem so ist, müssen wir genau darauf achten, was wir tun und sowohl die Gründe unseres Verhaltens als auch dessen mögliche Konsequenzen begreifen. (Wer immer uns mit der Aufgabe betraut hat, die wir umgehen, wird die Konsequenzen wohl kennen.) Außerdem sollten wir uns ehrlich eingestehen, ob diese Reaktion üblich ist oder nur manchmal erfolgt. Davon könnte unser Job oder der Fortbestand unserer Ehe abhängen.

In Beziehungen wird jedes der erörterten Verhaltensmuster wahrscheinlich gebrochene Herzen und aufgebrachte Menschen zurücklassen. Eine wesentliche Frage, die im Zusammenhang mit Persönlichkeitsstörungen immer wieder gestellt wird, lautet: Ist die Person, die darunter leidet, für ihr Verhalten verantwortlich? Derartige Charaktereigenschaften stehen schließlich im *Diagnostic and Statistical Manual of Mental Disorders* (*Diagnostisches und Statistisches Manual Psychischer Störungen*, Hogrefe-Verlag). Handelt es sich also um Krankheiten, an denen Menschen keine Schuld trifft? Oder beruhen sie auf Entscheidungen, für die jeder von uns zur Rechenschaft gezogen werden sollte?

Aus rechtlicher Sicht wurde diese Frage bereits beantwortet. Im Allgemeinen erfüllt eine Persönlichkeitsstörung nicht die Kriterien einer Geisteskrankheit und kann demnach auch nicht zur Verteidigung vorgebracht werden. Die Gefängnisse sind voller Soziopathen (bei denen die Diagnose »antisoziale Persönlichkeitsstörung« berechtigt wäre). Diese Tatsache spiegelt die stillschweigende Annahme wider, dass Menschen, in deren Leben ein deutliches Muster nicht anpassungsfähiger Verhaltensweisen zu erkennen ist, durchaus für die Folgen ihres Tuns gesetzlich die Verantwortung tragen.

Die meisten Menschen mit Persönlichkeitsstörungen – ob diagnostiziert oder nicht – geraten jedoch niemals in Konflikt mit dem Gesetz. Stattdessen belasten und verprellen sie die Menschen in ihrer Umgebung, die viele ihrer Verhaltensweisen unerklärlich finden. Im Unterschied zu jenen mit anderen psychischen Störungen (allgemeine Ängste, starke Depression, Psychose) sind sich Personen, die destruktive Merkmale aufweisen, deren oft nicht einmal gewahr. Daher machen sie sich – zumindest auf der bewussten Ebene – auch keine Sorgen um ihre gewohnten Denk- und Handlungsmuster, die sie anderen entfremden. Menschen rechtfertigen ihre Einstellungen und ihr Verhalten fast ausnahmslos damit, dass sie ihre besondere Weltanschauung für richtig halten, was immer die Leute denken mögen.

Diese Neigung, sich selbst zu rechtfertigen, betrifft uns alle. Tief religiöse Menschen, zum Beispiel, oder solche mit festen politischen Überzeugungen wundern sich häufig darüber, dass nicht jeder intelligente und wohlwollende Bürger die Welt so sieht wie sie. Deshalb bestehen die endlosen philosophischen und politischen Diskussionen, die unsere Gesellschaft charakterisieren und einem oft wie »Dialoge zwischen Tauben« vorkommen, vor allem aus Streitpunkten und Bekehrungsversuchen. Ständig fehlt es an Demut und Toleranz gegenüber abweichenden Meinungen. Gern sehen wir uns als vernünftig handelnde Menschen. Dass dies nicht der Fall ist, zeigt sich daran, dass wir immer wieder Dinge tun, die keineswegs in unserem Interesse sind. Man denke nur an die weite Verbreitung von Suchtkrankheiten, die hohe Scheidungsrate und unsere Essgewohnheiten.

Wenn wir die Wahrheit akzeptieren können, dass die meisten unserer Tätigkeiten das Ergebnis nicht hinterfragter Gewohnheiten und unterbewusster Motive sind, können wir bei uns und bei anderen jene Verhaltensmuster unter die Lupe nehmen, die wir vielleicht noch einmal überdenken sollten. Zuerst müssen wir zu der Überzeugung gelangen, dass diese Verhaltensmuster nicht anpassungsfähig sind, und dann die Ansicht vertreten, dass die Selbstprüfung eine wesentliche Voraussetzung für alternatives Handeln darstellt.

Gibt es in unserem Gebaren etwas, das uns nicht förderlich ist? Fällt es uns schwer, anderen Menschen nahe zu kommen? Scheinen wir sie vor den Kopf zu stoßen? Sabotieren wir unsere Karriere, obwohl wir kompetente Arbeit leisten? Haben wir wiederholt unbefriedigende Beziehungen? Zustimmende Antworten auf solche Fragen deuten darauf hin, dass in unserem Leben gewisse Dinge unterhalb der Bewusstseinsschwelle geschehen. Wir täten gut daran, unsere übliche Art der Interaktion mit anderen (oder das Wesen der Menschen, mit denen wir interagieren wollen) zu untersuchen, damit uns klarer wird, was geändert werden muss.

Der wichtigste Faktor, der Aufschluss darüber gibt, wie glücklich wir sind, ist die Qualität unserer zwischenmenschlichen Beziehungen. Zwar unterscheiden wir uns hinsichtlich der Zahl der Menschen, denen wir uns verbunden fühlen, aber nur einige sind dafür gerüstet, ihr Leben allein zu verbringen. Daher ist es kein Zufall, dass Einzelhaft für Gefängnisinsassen die am meisten gefürchtete Strafe darstellt. Selbst Menschen, die schon fast aller Bequemlichkeiten des täglichen Lebens in Freiheit beraubt sind, können die Isolation nicht lange ertragen. Unter den seelischen Leiden, die Menschen zusetzen, ist die Einsamkeit für viele das schlimmste. Völlig ignoriert zu werden, ist die tiefste Verletzung unserer Menschlichkeit. Massenmörder entpuppen sich oft als Menschen, die unter dem Stigma leiden, von einer Welt im Stich gelassen zu werden, der sie sich nicht anschließen können.

Wenige von uns kommen durchs Leben, ohne jemals Zurückweisung erfahren zu müssen. Wie wir darauf reagieren, wie wir uns dann wieder beruhigen und wie wir die nötige Anerkennung von jenen erhalten, die wir bewundern, entscheidet darüber, welches Leben wir führen. Der Zufall der Geburt, Gene, Talent, Glück, Entschlossenheit – all das spielt für unsere persönliche Entwicklung eine Rolle. Doch die Fähigkeit, unserer Existenz einen Sinn zu verleihen, beruht mehr als alles andere auf der angeborenen oder erworbenen Eigenschaft, mit Menschen in Beziehung zu treten, von denen unser Glück abhängt. Seit unseren frühesten Tagen auf der Erde sind wir von einem heilsamen Beziehungsnetz umgeben, das sich unaufhörlich verändert und der ständigen Pflege bedarf. Ohne dieses Netzwerk, also völlig losgelöst, können wir emotional nicht überleben. Deshalb müssen wir unsere Lebenspartner und Freunde mit größter Sorgfalt und aus den richtigen Gründen wählen. Denn wenn das Netz zerreißt, fallen wir tief.

Mit einem depressiven Menschen zusammen zu sein, ist eine ständige Übung in Entmutigung. Begriffe wie Pessimismus und Hoffnungslosigkeit beschreiben die Denkweise von Personen, die glauben, dass alles schlecht ausgeht, und die oft eine Art perverse Befriedigung empfinden, wenn sich ihre Erwartungen erfüllen. Sie haben eine zynische Grundeinstellung und verachten jene, die zu hoffen wagen. Sie betrachten die Motive der anderen mit Skepsis und bringen ihnen tiefes Misstrauen entgegen. Und sie neigen zu Verallgemeinerungen: »Alle Politiker sind Halunken. Vertraue niemandem. Auch wenn ich nicht dieses Pech hätte, wäre mir überhaupt kein Glück beschieden.« Sie hegen starke Vorurteile gegen ganze Gruppen von Menschen. Die Welt ist ein gefährlicher und düsterer Ort … und wird immer schlimmer.

Wer an öffentlichen Orten Menschen beobachtet, kann lernen, die Depression in den Gesichtern der Passanten zu erkennen. Das ist natürlich kein unfehlbares Diagnoseverfahren, zumal bei jungen Leuten. (Abraham Lincoln soll gesagt haben: »Nach dem vierzigsten Lebensjahr ist jeder für sein Gesicht selbst verantwortlich.«) Bevor die Zeit eine Chance hatte, Züge und Mienen zu formen, bevor die Mundwinkel in einer Maske der Trauer und der Reue nach unten sinken, können Menschen Mutlosigkeit und Zynismus verbergen, um andere nicht vor den Kopf zu stoßen. Wie bei der Entschlüsselung gewohnheitsmäßiger Einstellungen muss man also auch hier genau hinhören, was die Leute sagen, und genau beobachten, was sie tun.

Wir richten unser Augenmerk auf jene, die ständig urteilen, die bei anderen Aggressivität und Inkompetenz erwarten (und oft hervorrufen), die sich für die einzigen guten Fahrer auf der Straße halten, die überzeugt sind, das Personal der Fluggesellschaften sei dazu da, den Passagieren zu Füßen zu liegen, und die erwarten, dass der heruntergefallene Toast zwangsläufig mit der Marmeladenseite auf den Teppich trifft.

Sein verheerendes Selbstbild ist ein weiterer Hinweis darauf, dass man es mit einem depressiven Menschen zu tun hat. Der Glaube, unwürdig oder unzulänglich zu sein, kann sich hinter einer zynischen Fassade oder ständiger Kritik an anderen verstecken, aber eine depressive Einstellung kennzeichnet sich vor allem durch das Gefühl, dass die Welt eine Widerspiegelung der eigenen Verzweiflung ist, und durch die Erwartung, dass die meisten menschlichen Unternehmungen – einschließlich Beziehungen – zum Scheitern verurteilt sind. Diese Erwartung wird gleichsam zu einer sich selbst erfüllenden Prophezeiung. Der Umgang mit solchen Leuten gestaltet sich deshalb so schwierig, weil viele von ihnen unter Anhedonie leiden, der Unfähigkeit, Vergnügen zu empfinden. Diese Eigenschaft führt dazu, dass sie jeder Party (oder Beziehung), an der sie beteiligt sind, den Garaus machen.

Die formelle Diagnose »Depression« muss gewisse Kriterien berücksichtigen, zum Beispiel Ess- oder Schlafstörungen, Erschöpfungszustände, geringe Selbstachtung, Unentschlossenheit und Hoffnungslosigkeit. Menschen mit depressiver Persönlichkeit offenbaren einige dieser Merkmale – oder gar alle – manchmal oder ständig. Noch wichtiger ist jedoch ihre allgemeine psychische Angespanntheit – eine allgemeine Verdrießlichkeit und Niedergeschlagenheit –, die sie daran hindert, längere Zeit echte Freude zu erfahren, und die Menschen in ihrem Umfeld ebenfalls zu entmutigen droht. Wenn Sie mit einer solchen Person in Beziehung treten wollen, werden Sie wahrscheinlich merken, dass auch Ihre eigene Stimmung allmählich in Richtung Depression tendiert.

In dem Bemühen, unsere Stimmung zu erklären, versuchen wir gewöhnlich eine Ursache-Wirkung-Beziehung zwischen äußeren Ereignissen und inneren Gefühlen herzustellen. Doch die depressiven Persönlichkeitstypen erleben Situationen und Menschen unabhängig von tatsächlichen Ereignissen. Wie all diejenigen, deren Einstellungen von nicht anpassungsfähigen und bereits fest verwurzelten Überzeugungen hinsichtlich der Funktionsweise der Welt bestimmt werden, haben sie für ihre chronische Schwermut keine befriedigende Erklärung. Im Grunde suchen sie nur nach Bestätigungen für ihren Pessimismus und nach einem Menschen, mit dem sie ihn teilen können. Sie sollten nicht diese teilnahmsvolle Person sein, egal wie tief Ihr Mitgefühl ist oder welch wundersame Kräfte Sie Ihrer Liebe zuschreiben mögen.

Keine Hölle ist privat

Wir definieren uns durch die Menschen und Dinge, die wir lieben. Es sind nicht einzelne Charaktereigenschaften, die man mit dem Missbrauch gewisser Substanzen in Zusammenhang bringt. Zwar trifft es zu, dass Menschen, die zur Sucht neigen, gewöhnlich unbesonnen und rücksichtslos sind mit einem Hang zur Depression und dass sie Mühe haben, Beziehungen aufrechtzuerhalten, aber dennoch wird ihr Leben durch die Nebenwirkungen des Alkohol- oder Drogenkonsums derart verändert, dass die zugrunde liegende Persönlichkeitsstruktur nur noch schwer zu erkennen ist.

Die Verwirrung rührt vor allem daher, dass der Alkoholkonsum eine legale, allgemein sanktionierte Aktivität ist, der die meisten Mitglieder der Gesellschaft in harmloser Weise frönen. Auch verschreibungspflichtige Medikamente, die Stimmungen mehr oder weniger stark beeinflussen können, werden weithin benutzt – ebenso wie die Methoden, mit denen man zu Missbrauch und Abhängigkeit förmlich aufruft. Wir werden überflutet von Werbung, die uns einredet: Wenn es solche Arzneimittel gibt, braucht man doch keine körperlichen oder seelischen Schmerzen mehr zu ertragen. Daher überrascht es kaum, dass Personen mit einer biologischen Prädisposition für Süchte sowohl mit legalen als auch mit illegalen Drogen Probleme bekommen.

Obwohl diese Prädisposition (die offenbar in bestimmten Familien existiert) nicht mit Sicherheit vorherzusagen ist, gibt es, sobald sie sich in der Jugend allmählich bemerkbar macht, doch eine Reihe von Warnsignalen. Die offenkundigsten mögen sich in einer zusätzlichen Form von Abhängigkeit manifestieren, etwa in einer Essstörung, die schließlich die Unfähigkeit darstellt, die Beziehung zu einer Substanz – in diesem Fall zur Nahrung – vernünftig zu regeln. Hinweise darauf, dass man langfristig ein Problem mit Alkohol oder Drogen haben wird, tauchen schon bei frühen Kontakten damit auf. Nicht jeder, der auf der Realschule oder dem Gymnasium exzessiv trinkt, wird als Alkoholiker enden, aber ein solches Verhalten in jungen Jahren ist kein verheißungsvolles Zeichen. Eine gute Regel, die auf einen möglichen Drogenmissbrauch aufmerksam macht, lautet: *Wenn du meinst, du könntest da ein Problem haben, hast du es wahrscheinlich auch.* Menschen neigen dazu, ihren Alkoholkonsum zu leugnen oder zu untertreiben, und so obliegt es denen, die ihnen besondere Aufmerksamkeit schenken (in erster Linie Familienmitglieder), eine ehrlichere Einschätzung vorzunehmen. Ihre Sorge mag Freunde und Familienmitglieder bisweilen zu einer Konfrontation und dann auch zur Intervention veranlassen, um den Suchtkranken davon zu überzeugen, dass er sich im Rahmen eines Behandlungsprogramms um Hilfe bemühen muss mit dem Ziel, abstinent zu werden. Alles andere hat bei chronischer Abhängigkeit keinen Sinn. Selbst die besten Programme verzeichnen hohe Rückfallquoten von 70 Prozent. Hier dämmert einem schon, was man sich durch die bewusst eingegangene Verbindung mit einem Suchtkranken auflädt.

Man kann Persönlichkeitsstörungen als schlechte Angewohnheiten betrachten, als eingefleischte Verhaltensmuster, die quasi automatisch ablaufen, und als bezeichnende Charaktermerkmale. Es sind tief verwurzelte Eigenschaften, die – zusammengenommen – zum Ausdruck bringen, wer wir sind. In diesem Sinne sagt unsere Abhängigkeit von Substanzen – Alkohol, Drogen, Arzneimittel, Nahrung, Nikotin – auch etwas darüber aus, wie wir uns selbst sehen. Sogar »konstruktive Abhängigkeiten«, etwa exzessives Körpertraining oder Sammeltrieb, bergen ihre eigenen Gefahren. Abgesehen davon stellt der maßlose Alkohol- und Drogenkonsum die deutlichste Bedrohung dar, die sich gegen unser seelisches Wohlbefinden und das der Menschen um uns richtet.

Wie jede unheilvolle Verbindung von Charaktereigenschaften sollte auch die Unfähigkeit, die Sucht in den Griff zu bekommen, als Warnung aufgefasst werden. Angesichts der für die Abhängigkeit typischen Verdrängungsmechanismen ist es töricht, der Selbsteinschätzung des Betreffenden hinsichtlich seines Konsums berauschender Substanzen zu vertrauen. Nicht nur deshalb, weil ein gemeinsames Merkmal der Süchtigen darin besteht, andere zu belügen; sondern auch, weil die Lügen, die sie sich selbst auftischen, letztlich eine verhängnisvolle Wirkung haben: »Ich kann damit aufhören, wann immer ich will«, »Ich trinke nicht mehr, als die Leute um mich herum« oder »Ich habe noch keinen Arbeitstag versäumt.« All das sind scheinbar vernünftige Erklärungen, die Alkoholiker und Drogenabhängige routinemäßig vorbringen und oft auch glauben. Man muss sich hier also auf die eigenen Beobachtungen und den eigenen Instinkt verlassen, um beurteilen zu können, ob diese Person eine Zukunft vor sich hat, die man lieber nicht mit ihr teilen möchte.

Es ist verblüffend, welch hohes Maß an Drogenmissbrauch Menschen bereitwillig bei anderen akzeptieren, besonders wenn er die legale Form des Alkoholkonsums annimmt. Außerdem kann man, besonders in der Jugend, nur schwer einschätzen, wie viel von einer Substanz zu viel ist – für einen selbst wie für die Menschen um uns. Ein Indiz ist das wiederkehrende Gefühl, in Gegenwart der Bezugsperson unsichtbar zu werden, sobald sie sich ihrer Sucht hingibt.

Wenn uns an einem Menschen viel liegt, möchten wir ihn unterstützen, nicht zurückweisen – vor allem wenn er unter etwas leidet, das fast überall auf der Welt als Krankheit angesehen wird. Wer wendet sich von einem kranken Wesen ab? Genau an dieser Stelle schnappt die Falle zu. Diejenigen unter uns, die stolz sind auf ihre Fähigkeit, andere zu umsorgen, sind auch empfänglich für »Rettungsfantasien«, die ihnen den Glauben gestatten: »Wenn ich diese Person nur genügend liebe, werden ihre Unsicherheiten und damit auch ihr Bedürfnis nach Alkohol oder Drogen verschwinden.« Zahlreiche Ehen wurden auf dieser Wunschvorstellung gegründet. Zu den heikelsten Momenten, die ich als Therapeut erlebte, gehören die, in denen der Ehemann oder die Ehefrau, der Elternteil oder das Kind eines süchtigen Menschen zu der schrecklichen Einsicht gezwungen wurde, dass er das Rauschmittel mehr liebte als irgendjemanden oder irgendetwas sonst in seinem Leben – einschließlich denen, die ihn am meisten liebten. Wenn man die Wahl hätte, würde man solche Momente um jeden Preis vermeiden.

Gegen Langeweile kämpfen selbst Götter vergeblich

Eine Gruppe von Menschen, vor der man sich in Acht nehmen sollte, passt in keine spezifische Kategorie der Persönlichkeitsstörungen. Im Allgemeinen versuchen sie nicht, andere zu manipulieren oder auszunutzen. Sie sind nicht unbedingt selbstbezogen oder unfreundlich, und normalerweise handeln sie in wohlwollender Absicht. Dennoch ist es schwer, längere Zeit mit ihnen zusammen zu sein. Sie sind selten einsichtig oder nachdenklich, obwohl sie intelligent und zu sinnvoller Arbeit fähig sein können. Sie neigen zu einer gewissen Redseligkeit und sind nicht oft gute Zuhörer. Die Qualität ihrer Gedanken in Verbindung mit dem unwiderstehlichen Bedürfnis, diese mitzuteilen, charakterisiert sie am besten. Sie sind Narren.

Während wir durchs Leben gehen, Erfolg und Misserfolg, Anerkennung und Ablehnung erfahren, bemüht sich jeder von uns, die Mechanismen des Weltgeschehens zu begreifen. Alles, was uns widerfährt, was wir wissen oder glauben, wird in diese Wahrnehmung integriert und hat mancherlei Auswirkungen auf unser späteres Verhalten. Intoleranz auf dem Gebiet der Ethik, der Politik oder der Religion ist das charakteristische Merkmal der Narren. In ihrer schlimmsten Form mag diese Intoleranz zu Gewalt gegen Menschen führen, die abweichende Überzeugungen vertreten.

Ein weiteres Beispiel für mangelhaftes Verständnis liefern Menschen, die falsche Vorstellungen davon haben, was in ihren wichtigen Lebensbereichen funktioniert und was nicht. Wenn man etwa der Meinung ist, in der modernen Medizin finde eine Art Verschwörung statt, um die Vorteile rein pflanzlicher Arzneimittel und natürlicher Heilverfahren unbeachtet zu lassen, neigt man hinsichtlich der eigenen Gesundheit zu Entscheidungen, die nicht mit wissenschaftlichen Tatsachen im Einklang sind. Im besten Fall nimmt man dann vielleicht irgendwelche Substanzen ein, die keinerlei positive Wirkung auf die Gesundheit haben. Oder man begibt sich auf die ebenso verzweifelte wie vergebliche Suche nach teuren und nicht erprobten Heilmitteln für schwere Krankheiten wie Krebs. Ähnlich bringt die Entscheidung einiger Eltern, aufgrund einer unbegründeten Angst vor Vakzinen ihre Kinder nicht gegen allgemeine Kinderkrankheiten impfen zu lassen, diese in Gefahr und setzt uns alle dem Risiko erneut auftauchender Krankheiten aus, die längst ausgerottet schienen.

Da Torheit vom Kontext abhängt und in gewisser Weise eine Abweichung von der gesellschaftlichen Norm darstellt, ist sie nicht zwangsläufig von Dauer. Wir alle kennen jemanden, der in der Schule ein Außenseiter war, aber später im Leben große Erfolge erzielte. Die Defizite, die einen Narren charakterisieren – Mangel an Verständnis, Urteilsvermögen oder gesundem Menschenverstand –, sind auch durch Erfahrung und Lernen auszugleichen. Trotzdem macht einen die vielleicht schon in jungen Jahren ausgeprägte Unfähigkeit, klar zu denken, zu einem schlechten Kandidaten für eine stabile Beziehung. Leute mit unkonventionellen

Ansichten, zum Beispiel UFO-Jäger oder Verschwörungstheoretiker, haben die Tendenz, sich zusammenzuschließen und gegenseitig zu unterstützen. Die Mitgliedschaft in solchen Gruppen ist oft ein Zeichen dafür, dass man sich in Gesellschaft jener befindet, die alternativen und marginalen Auffassungen bezüglich der Wirkungsmechanismen der Welt anhängen.

Ein wichtiger Aspekt echter Torheit ist die Verachtung der Naturwissenschaften oder das fehlende Verständnis für deren Methodik als Mittel, die Welt zu erklären, verbunden mit dem Glauben an Wunder, der sich jeder Überprüfung entzieht. Doch gerade das Vermögen, die eigenen Erfahrungen nüchtern zu betrachten, ist eine entscheidende Voraussetzung für ein erfolgreiches Leben. Wenn man glaubt, menschliche Angelegenheiten würden von der Stellung der Gestirne beherrscht und das persönliche Schicksal hinge vom Geburtsdatum und von der Geburtszeit ab, neigt man zu Entscheidungen, die nicht auf der Wirklichkeit beruhen.

Unser Gehirn kann einer begrenzten Anzahl von Ideen gleichzeitig nachgehen. Wenn unser Bewusstsein jedoch übervoll ist mit dem Glauben an Zauberei, Geister, übersinnliche Phänomene und Außerirdische, die uns entführen wollen, oder mit der Überzeugung, wir würden durch frühere Leben beeinflusst, fällt es schwer, jene Variablen in Betracht zu ziehen, die tatsächlich auf uns einwirken.

Es gibt jene Denkrichtung, der zufolge die Wahrheit ein anpassungsfähiges, kaum fassbares Konstrukt ist, das der Interpretation unterliegt. In mindestens einem Bereich trifft das nachweislich nicht zu. Die Natur und ihre Gesetze tolerieren keine Narren. Als Timothy Treadwell beschloss, längere Zeit unter den Grizzlybären Alaskas zu leben, stellte er sich vor, sie würden die Zuneigung und den Respekt erwidern, die er ihnen gegenüber empfand, und gab ihnen sogar Namen. Während er sich seinen naiven Einbildungen hingab, stellte sich jedoch heraus, dass diese wilden Geschöpfe auch ihm einen Namen gegeben hatten. Er lautete »Futter«, und schließlich wurde sein Leben von einem hungrigen Bär beendet. Timothy war ein freundlicher, wohlwollender Mensch, erpicht darauf, endlos lange in eine Videokamera zu sprechen, um andere über diese Tiere zu belehren. Der traurigste Teil der Geschichte ist, dass er eine junge Frau dazu überredete, ihn auf seiner letzten Reise zu begleiten. Auch sie wurde getötet.

Ein besonderes Merkmal der Torheit ist das Unvermögen, aus Erfahrungen zu lernen. Dazu passt eine traditionelle Definition des Wahnsinns: Immer wieder das Gleiche tun und dennoch andere Ergebnisse erwarten. Jeder von uns sehnt sich nach Wertschätzung seitens der anderen, zumal der Altersgenossen. Ein wesentlicher Aspekt des sozialen Lernprozesses besteht also darin herauszufinden, wie man die Anerkennung und den Respekt der Menschen ringsum erlangt. Da niemand von uns in der Kindheit mit einer Gebrauchsanweisung für das Leben ausgestattet wird, entdecken wir die gesellschaftlichen Funktionsweisen vor allem durch Versuch und Irrtum und indem wir andere so behandeln, wie wir von ihnen behandelt werden möchten. Wenn wir die Liebe und Anerkennung unserer Eltern erfahren haben, werden wir wohl über ein gesundes Selbstwertgefühl verfügen und imstande sein, uns den Menschen in der Erwartung zu nähern, dass sie uns mögen.

Doch wenn man uns früh in der Kindheit vernachlässigt und zurückgewiesen hat, werden wir vermutlich ähnliche Reaktionen von den Menschen erwarten, denen wir außerhalb unserer Familie begegnen. Dieses Misstrauen bewirkt, dass wir empfänglich werden für die Angst vor Demütigung und gehemmt sind, weshalb wir die Entwicklung und den Ausgang neuer Beziehungen dann eher pessimistisch sehen. Der natürliche Schutz vor solchen Ängsten besteht in einer Art Schüchternheit oder Tendenz zur Abkapselung, die häufig mit der Unfähigkeit einhergeht, ungezwungen mit anderen Menschen umzugehen, sowie mit einem gewissen Widerwillen, die Risiken einzugehen, die notwendig sind, um sich ihnen zu nähern. Diese Distanziertheit kann auch zu einem Sündenbockverhalten führen oder zu sonstigen Formen der Zurückweisung durch andere. Wir alle wissen, wie grausam und ausschließend bestimmte Jugendcliquen sein können, und nur wenige von uns haben den Stachel der Ablehnung noch nie gespürt.

Auch wenn sie häufig mit Dummheit verwechselt wird, kann Torheit durchaus die Domäne hochintelligenter Menschen sein. Kürzlich äußerte ein früherer Nobelpreisträger gewisse Ansichten über Rassenunterschiede, die weithin verurteilt wurden und ihn seinen Job kosteten. Es kommt oft vor, dass man von Personen des öffentlichen Lebens Meinungen (gewöhnlich über Themen außerhalb ihres Fachgebiets) hört, die nachweislich absurd sind. Als ein amerikanischer Senator das Internet als »eine Reihe von Röhren« beschrieb, warf dies ein höchst aufschlussreiches Licht auf sein Verständnis der Welt.

Vielleicht täten wir gut daran einzugestehen, dass wir alle zu abergläubischen Vorstellungen, falschen Auffassungen und Missverständnissen neigen und daher manchmal wie Narren handeln. Was auf jede menschliche Schwäche zutrifft, nämlich dass sie in verschiedenen Abstufungen vorkommt, gilt auch für die Torheit. Trotzdem ist die Vorstellung, man könnte einen beträchtlichen Teil seines Lebens in Gesellschaft eines voreingenommenen und geschwätzigen Narren verbringen, der aus seinen Erfahrungen keinen Nutzen zieht und realitätsferne Meinungen vertritt, durchaus ernüchternd. Wenn Sie Beispiele für diesen Charaktertyp suchen, brauchen sie bloß ein wenig dem rechthaberischen Gefasel zu lauschen, das sich im Privatfernsehen als Kommentar zum Zeitgeschehen ausgibt. Unser wichtigster Schutz gegen solche Leute – die Fernbedienung – ist allerdings untauglich, wenn wir mit ihnen zusammenleben.

Auch der beste Kompass zeigt nicht den wahren Norden an

Im Allgemeinen sind wir es nicht gewohnt, unsere grundlegenden Überzeugungen hinsichtlich der Welt und der Menschen zu untersuchen. Vieles beruht auf unserem eklatanten Mangel an Wissen über Dinge, von denen man annehmen würde, dass sie wesentliche und weithin bekannte Informationen darstellen. Wann immer man Leute über elementare wissenschaftliche Tatsachen befragt (etwa den Aufbau des Sonnensystems oder die chemische Grundlage des Lebens), über einfache Geografie oder unser politisches System, sind die Antworten häufig – und manchmal auf vergnügliche Weise – ungenau. So waren bei einer kürzlich durchgeführten repräsentativen Umfrage 20 Prozent der erwachsenen Amerikaner nicht imstande, die Vereinigten Staaten auf einer Weltkarte zu lokalisieren.

Daher überrascht es nicht, dass auch unsere Annahmen über Menschen – was sie möchten und warum sie sich so und nicht anders verhalten – bunt gemischt sind und auf fragwürdigen Überzeugungen gründen, abgeleitet aus einem unzulänglichen Erziehungssystem, unserer eigenen anekdotenhaften Erfahrung oder der gesellschaftlichen Mythologie unserer Eltern. Um ein wichtiges Beispiel herauszugreifen: Glauben Sie, dass die Menschen im Innersten gut sind, dass sie zu Gerechtigkeit und Großzügigkeit neigen – oder vielmehr, dass sie als Egoisten zur Welt kommen und erst dadurch »sozialisiert« werden, dass man ihnen Grenzen setzt und Strafen auferlegt? Ihre Antwort auf diese Frage beleuchtet, was Sie von anderen erwarten.

Die Bejahung der ersten These könnte man als Annahme im Sinne der Anne Frank bezeichnen. Selbst als sie sich mit ihrer Familie vor Leuten versteckte, die sie schließlich in die Gaskammer brachten, schrieb sie in ihr Tagebuch: »Trotz allem glaube ich, dass die Menschen im Herzen grundsätzlich gut sind.« Doch auch sie musste erkennen, dass viele Menschen zu Handlungen fähig sind, die einer so naiven Verallgemeinerung widersprechen. Tatsächlich lenken einige skrupellos Flugzeuge in Gebäude, um zahlreiche Menschen zu töten, deren Überzeugungen von den ihren abweichen.

Andererseits sind viele gewillt, zu helfen und sich sogar für andere zu opfern. Hier erweist sich erneut, dass die Wahrheit über menschliche Motivation von der jeweiligen Situation und der Gewichtung abhängt. Die eigentliche Frage lautet, wie man zu einer realistischen Einschätzung anderer Menschen gelangt, die eine großzügige Haltung fördert, uns aber auch (so weit wie möglich) vor Enttäuschung oder gar Bosheit schützt.

Die meisten unserer Ansichten über die Natur des Menschen kommen auf weniger dramatische Weise zum Ausdruck. Nichtsdestotrotz haben sie einen großen Einfluss darauf, wie wir andere behandeln und was wir von ihnen erwarten. Derartige Voraussetzungen spielen auch eine besondere Rolle dabei, wie wir Kinder aufziehen und aufgrund welcher politischen Anschauungen wir regiert werden möchten. Auf der strikt individuellen Ebene bestimmen unsere Erwartungen, die wir im Hinblick auf andere hegen, sowohl über unsere Persönlichkeit als auch über unsere sittliche Gesinnung, unser Gespür für das Richtige und das Falsche.

Wenn wir zum Beispiel glauben, in einer Welt zu leben, wo die Ressourcen begrenzt sind und nur die Tüchtigsten überleben und sich fortpflanzen, verhalten wir uns wahrscheinlich anders, als wenn wir glauben, es sei das moralische Ziel der Zivilisation, für die Schwachen zu sorgen, selbst wenn dies nicht unmittelbar in unserem eigenen Interesse ist. Jede Wechselbeziehung mit einem anderen Menschen wird geprägt von dem, was wir grundsätzlich schätzen und woran wir glauben. Inwieweit die entsprechenden Verhaltensweisen fortbestehen und sich zu Gewohnheiten entwickeln, hängt davon ab, ob wir das Gefühl haben, für sie belohnt zu werden.

Wir können den Wind nicht lenken, aber die Segel richtig setzen

Nichts ist wichtiger als unser Vermögen zu begreifen, wie die Welt funktioniert, und anpassungsfähige Verhaltensweisen zu entwickeln, die es uns möglich machen zu bekommen, was wir brauchen und wollen. In gewissem Sinne ist genau das die Definition des Lernens. Das ganze Gebäude des wissenschaftlichen Denkens gründet auf der Voraussetzung, dass wir durch Anwendung experimenteller Methoden die Naturgesetze verstehen und dieses Wissen zu unserem Vorteil nutzen können. Um ein augenfälliges Beispiel anzuführen: In der alten Welt glaubte man, Krankheiten entstünden durch das Ungleichgewicht der Körpersäfte oder durch Miasmen oder durch rachsüchtige Götter. Spätere Experimente führten zu der Theorie der Krankheitskeime. So haben wir Einsicht gewonnen in die Rolle, die Bakterien und Viren als Hauptursachen ansteckender Krankheiten spielen.

Unser Verständnis dafür, warum sich Menschen auf eine bestimmte Weise verhalten, ist jedoch noch längst nicht so weit entwickelt wie unser Wissen über körperliche Störungen. Wir können unser Gehirn neurologisch als eine Ansammlung von Nervenzellen beschreiben und sogar die dort mit bestimmten Bereichen verbundenen Funktionen erkennen – aber warum das sogenannte »motivierte Verhalten« (zum Beispiel Hunger, sexuelles Verlangen, Bedürfnis nach Drogen oder Machtgier) bei Menschen jeweils unterschiedliche Formen annimmt, bleibt ein Geheimnis. Wir sehen zwar, dass Alkoholismus und Angst in bestimmten Familien vorkommen, doch die exakte biologische oder neurochemische Ursache dieser Störungen liegt weiterhin im Dunkel.

Angesichts unseres gegenwärtig noch unvollständigen Wissens über die Gründe atypischer Verhaltensweisen sind unsere diagnostischen Handbücher psychischer Störungen allenfalls deskriptiv. Doch auch wenn es auf die Frage nach dem Warum noch keine Antwort gibt, können wir symptomatische Verhaltensmuster erkennen, die auf Dauer konstant und identifizierbar bleiben. Dieses Wissen, so behaupte ich, ist uns auf dem Weg durchs Leben von großem Nutzen – und gerade die Tatsache, dass es nicht überall verbreitet wird, hat bei der Wahl der Personen unseres Vertrauens viele vermeidbare Fehler zur Folge.

Menschen mit ernsten geistigen Krankheiten – Schizophrenie, bipolare Störung, starke Depression – sind von ihren Symptomen (etwa Halluzinationen, Paranoia, manisches Verhalten, schwächende Traurigkeit) in der Regel so nachhaltig betroffen, dass man ihr Leiden gar nicht missverstehen kann. Gewöhnlich brauchen sie Medikamente, und den Menschen in ihrer Nähe ist bewusst, dass sie eine schwerwiegende organische Krankheit haben. Doch jene mit sogenannten Persönlichkeitsstörungen bleiben häufig ohne Diagnose und sind sich der Anormalität ihres Verhaltens vielleicht gar nicht bewusst. Tatsächlich glauben sie oft, an ihren zwischenmenschlichen Problemen seien die anderen oder die Gesellschaft als Ganzes schuld. Diese

Vorstellung untergräbt ihre Motivation, sich zu ändern, selbst wenn ihr Leben allem Anschein nach in einem wichtigen Bereich erhebliche Mängel aufweist.

Das sind die Menschen, die wir auf der Suche nach dem Glück mit anderen erkennen sollten. In dem Maße, wie wir die Signale wahrnehmen, dass wir es mit einer Person zu tun haben, die charakterliche Schwierigkeiten hat, können wir uns dagegen schützen, körperlich, seelisch oder finanziell von ihr ausgenutzt zu werden. Dies wiederum setzt voraus, dass wir gelernt haben, uns solchen Menschen möglichst nicht anzugleichen, und so das traditionelle Verbot befolgen, weder Opfer noch Ausbeuter, weder raubgieriger Mensch noch Beute zu sein. Vielmehr streben wir nach Beziehungen, die beiden Partnern einen Sinn für wechselseitiges Engagement zugunsten befriedigender Lebensformen verleihen und auf der zentralen Idee der Komplementarität gründen, nämlich dass wir gemeinsam wachsen können, indem jeder seinen eigenen Interessen nachgeht.

Doch selbst wenn wir uns dieser Aufgabe widmen, werden wir mit der Tatsache konfrontiert, dass viele Menschen das Leben als Nullsummenspiel betrachten, in dem der Wettbewerb an erster Stelle steht, die Gelegenheiten, Erfolg zu haben, begrenzt sind und wir nur auf Kosten anderer bekommen, was wir wollen. Das ist eine weitverbreitete Auffassung, die durch die hierarchische Struktur der meisten Unternehmen ebenso unterstützt wird wie durch die Welt der Unterhaltung und des Sports, wo die Aussichten auf Erfolg gering sind. Nicht jeder von uns wird unverschämt reich oder sieht sich auf den Seiten von *US Weekly* porträtiert. Das Ungleichgewicht des wirtschaftlichen

Erfolgs in den Vereinigten Staaten (zehn Prozent der Bevölkerung verfügen über siebzig Prozent des Gesamtvermögens) schafft ein Klassensystem, das viele entmutigt, die es ihrer Meinung nach nicht geschafft haben, den amerikanischen Traum zu verwirklichen.

Außerdem herrscht der weitverbreitete Glaube, Erfolg im Leben hänge zu einem großen Teil von Bedingungen ab, auf die wir keinen oder nur wenig Einfluss haben: die Familie, in die wir geboren werden, Hautfarbe, Erziehung und Ausbildung sowie Glück. Die daraus resultierenden Unterschiede führen zu Zynismus und dem Gefühl, unfair behandelt zu werden, ganz zu schweigen von allen möglichen Verbrechen. Darüber hinaus sind wir einer Art sozialem Ressentiment ausgesetzt, das heftigen Neid und Unzufriedenheit hervorruft und von dem Eindruck genährt wird, dass wir in einem System leben, das die einen bevorzugt und die anderen benachteiligt. Der Gesellschaftsvertrag zwischen Arm und Reich ist höchst fragil und droht in Notsituationen wie Wirtschaftskrisen oder Naturkatastrophen ganz zusammenzubrechen, was ein deutliches Licht auf das krasse, von uns mittlerweile als selbstverständlich erachtete Wohlstandsgefälle wirft.

Vor diesem sozialen Hintergrund kämpft jeder um seinen Platz in der Welt – wohl wissend, dass die Normen, die das gesellschaftliche Zusammenleben beherrschen, fälschlicherweise so verstärkt werden, dass die bereits Privilegierten in den Genuss weiterer enormer Vorteile kommen. Es ist kaum abzuschätzen, wie sich dieses chronische Gefühl der Ungerechtigkeit auf unsere persönliche Entwicklung und im Weiteren auf unsere Beziehungen untereinander auswirken wird. Obwohl dieses Buch vom individuellen Glück handelt und davon, wie man es am besten erstrebt, lohnt es sich, auch über den Kontext nachzudenken, in dem dieses Streben stattfindet. Darauf bedacht, die eigenen Interessen durchzusetzen, können wir uns entweder für ein Verhalten entscheiden, das ausbeuterisch ist, oder aber eine großzügigere Haltung im Umgang mit Menschen einnehmen. Das ist die Wahl, vor der wir stehen und die unseren Charakter definiert, das heißt unsere übliche Art der Interaktion. Entscheidend ist dabei die Fähigkeit, eben jene persönlichen Eigenschaften zu erkennen, die auf Dauer Bestand haben.

Das Leben ist selten so einfach, wie wir es gern hätten

Als Hindernis auf dem Weg zur Einsicht in die Welt und die Menschen erweisen sich jene Geschichten, die uns über die Wirkungsweise der Dinge erzählt werden, die wir allmählich glauben und dann anderen mitteilen. Wenn diese gemeinsame Mythologie falsch ist, beeinträchtigt sie unsere Bemühungen, uns selbst und andere zu verstehen, und führt letztlich zu schlechten Entscheidungen – wie bei Forschungsreisenden, die ihre Route mit mangelhaften Karten zu finden versuchen.

Das Gegenteil der Wahrheit ist nicht unbedingt die Lüge. Es kann auch eine andere Form von Unaufrichtigkeit sein, nämlich Sentimentalität. Dabei handelt es sich um eine rührselige und grobe Vereinfachung der Welt, welche die Wirklichkeit völlig außer Acht lässt. Die trivialste Form dieser Neigung kommt in Grabreden zum Ausdruck. Von uns gegangen ist ein Mensch mit all seinen Stärken und Schwächen. Ersetzt wird er durch ein Musterbeispiel an Intelligenz und Tugend, das denjenigen, die ihn am besten kannten, fast unbegreiflich erscheint. Was passiert nach dem Ableben mit den Geschichten der Trinker und derer, die ihre Frauen schlugen? Sie tauchen in den Todesanzeigen nicht auf. Daher heißt es, nichts sei dem eigenen Ruf zuträglicher als der Tod.

Wenn unser Abstieg in die Sentimentalität auf wohlwollende Worte des Trostes für die Hinterbliebenen beschränkt bliebe, könnte uns verziehen werden. Doch leider findet sich diese besondere Art der Verzerrung auch in vielen anderen Bereichen – mit entsprechenden Konsequenzen. In der Tat ist unsere ganze Kultur mit ihrer Maxime »Hilf dir selbst durch Konsum« und der allgegenwärtigen Werbung ein einziger Aufruf zu einer sentimentalen Sicht der Welt, in der uns immer nur eine Anschaffung von dem Leben trennt, das wir ersehnen. Sehen diese attraktiven jungen Leute mit ihren brandneuen Geländewagen und kühlen Bieren nicht glücklich aus? Kann das Leben jemals besser sein, als es hier dargestellt wird? Genießen Sie etwa nicht jene Werbespots, die betonen, dass die meisten von uns ziemlich alt und dick sind und kaum Freunde haben?

Im Rahmen einer kürzlich durchgeführten Umfrage sagten 81 Prozent der Amerikaner, sie sprächen regelmäßig zu Gott. (Interessant ist: Berichtet jemand, Gott spräche zu ihm oder ihr, gilt diese Person entweder als Prophet oder riskiert, unfreiwillig in eine psychiatrische Klinik eingeliefert zu werden.) Ungeachtet dessen, welchen Trost Menschen aus ihrem Glauben ziehen und wie viel Gutes im Namen der einen oder anderen Religion getan wird, beantworten die meisten jene letzten Fragen »Warum sind wir hier? Was macht ein sittliches Leben aus? Was geschieht mit uns nach dem Tod?«, indem sie auf archaische Texte verweisen, die oft widersprüchliche, von Kultur zu Kultur unterschiedliche Geschichten enthalten. Es bedarf keines Beweises von der Art, wie wir sie in anderen Lebensbereichen zu fordern gewohnt sind, um die Wahrheit irgendeines Glaubensartikels zu begründen. Wir glauben einfach daran. Dafür wird uns durch Gebet die Hoffnung und das Versprechen auf Unsterblichkeit zuteil – kein kleines Geschenk in dieser Welt, die von der Angst vor dem Tod beherrscht wird.

Ein weiterer Bereich, der von Sentimentalität beherrscht wird, ist die Politik. Indem wir Personen wählen, die uns durch gefährliche Zeiten führen sollen, verlassen wir uns allzu oft auf diejenigen, welche die Welt entlang der starren Grenzen zwischen Gut und Böse, uns und den anderen teilen und Schutz vor wirtschaftlichen Krisen oder Terroristen versprechen. Wir alle würden ja gern glauben, es gebe sie wirklich, diese mächtigen und weisen Persönlichkeiten, auf die wir uns verlassen können, weil wir von ihnen stets fürsorglich behandelt werden. Aber die Tatsache, dass uns diese Leute, sobald sie ihr Mandat erhalten haben, fast zwangsläufig enttäuschen, macht uns umso empfänglicher für den nächsten Kandidaten, der gelobt, Besseres zu leisten. Der Kreislauf aus Abhängigkeit, Leichtgläubigkeit und Ernüchterung kommt immer wieder in Gang, ohne dass wir viel daraus lernen oder eine echte Skepsis entwickeln würden gegenüber den sentimentalen Geschichten, die aufeinanderfolgende Generationen von Politikern benutzen, um gewählt zu werden. Gewiss gibt es persönliche und weltanschauliche Unterschiede zwischen den Kandidaten, doch wir warten vergeblich auf den Messias, der uns aus der Wüste der Verwirrung und Unsicherheit geleiten wird. Eine solche Sehnsucht kann letztlich nur in die Enttäuschung führen.

Wenn Sie wissen möchten, ob Ihnen jemand eine sentimentale Geschichte erzählt, fragen Sie sich: »Klingt das nicht nach grober Vereinfachung? Redet er (oder sie) so, als gäbe es nur zwei Alternativen (etwa Triumph oder Erniedrigung), um dieses Problem zu lösen?« Wenn das Leben uns etwas lehrt, dann dies: Dass es kompliziert ist und vielerlei verschiedene Ergebnisse zeitigen kann, von denen wir nur wenige unter Kontrolle haben. Wenn Sie also meinen, eine Art Kindergeschichte zu hören, in der die Gestalten lediglich Karikaturen von Menschen sind, so nehmen Sie Reißaus und kehren Sie ins Leben zurück.

In unserem Bemühen, erfüllende und dauerhafte Beziehungen aufzubauen, riskieren wir desillusioniert zu werden, wenn wir glauben, dass *irgendeine* Beziehung etwas mit den sentimentalen und idealisierten Schilderungen zu tun hat, die über unsere Bildschirme und Leinwände flimmern. Die Mehrdeutigkeit und das Urteilsvermögen, die für den Prozess notwendig sind, in dem wir einer Person Liebe entgegenbringen, die sie erwidert und auf die wir uns mit der Zeit verlassen können, sind weit entfernt von den sofort verfügbaren Reizen und Happy Ends, welche die Hollywoodversion der Realität kennzeichnen. Falsche Vorstellungen davon, was eine echte und befriedigende Beziehung ausmacht, stürzen jene in große Verwirrung, die auf ihrer Suche nach dem Musterbeispiel einer zutiefst menschlichen, wirklichkeitsnahen Verbindung zwischen Naivität und Zynismus schwanken.

Die Kindheit ist die einzige Lebensphase, in der eine sentimentale Einstellung anpassungsfähig ist. Die meisten

Märchen haben aufgrund ihrer einfachen Figuren und Lehren eine tröstliche Wirkung. Doch sobald wir uns der Komplexität des Lebens stärker bewusst werden, müssen wir auf die im magischen Triumph alles Guten enthaltene Beruhigung verzichten. Falls wir diesen Übergang nicht schaffen, beschwören wir als Erwachsene ein Leben voller Enttäuschungen geradezu herauf.

Eine andere vorherrschende Form der Sentimentalität ist die Nostalgie. Offenbar ist jeder alt genug, um sich an eine bessere Zeit zu erinnern, als die Welt sicherer und jeder freundlicher war, Kinder mehr Respekt zeigten und mehr Menschen so aussahen wie wir. Was ist mit dieser Zeit geschehen? Wo ist Norman Rockwell, wenn wir ihn brauchen? Erstaunlich viele Bürger vertreten die Überzeugung, wir sollten in eine erträumte Vergangenheit zurückkehren, um jene Werte wieder einzufordern, die dieses Land einmal groß gemacht haben.

Wenn wir die Welt, in der wir leben, und die Menschen, die sie bewohnen, je verstehen wollen, müssen wir die Fähigkeit entwickeln, Wahrheit und Sentimentalität auseinanderzuhalten. Hierbei müssen wir die gleiche Urteilskraft einsetzen wie in unseren finanziellen Angelegenheiten – also das Vermögen, die echten Werte zu erkennen, sowie eine gesunde Skepsis gegenüber denen, die ihre Aufgabe darin sehen, uns hinters Licht zu führen. Wir müssen lernen, die Mehrdeutigkeit, Unvollkommenheit und Ungewissheit zu akzeptieren, die das reale Leben charakterisieren, und die grobe Vereinfachung vermeiden, die das Merkmal der Sentimentalität ist. Mit anderen Worten: Wir müssen lernen, Realität und Illusion voneinander zu unterscheiden, wenn wir bezüglich unserer Lebensweise und insbesondere unseres Lebenspartners die richtigen Entscheidungen treffen wollen. Von der Qualität dieser Entscheidungen hängt unser Glück ab.

Wir schmeicheln uns selbst, wenn wir glauben, unser Charakter sei unveränderlich

Keine unserer Verhaltensweisen ist in einem Vakuum angesiedelt. Unsere Persönlichkeit wird zu einem wesentlichen Teil bestimmt von den Situationen, in denen wir agieren – also von unserer Umgebung und den Menschen, die wir uns zur Gesellschaft wählen. Gern halten wir uns für unabhängig, ausgestattet mit einer Reihe fester Werte, die unwiderruflich unsere Handlungen bedingen. Vieles deutet jedoch darauf hin, dass dem nicht so ist. In den 1960er-Jahren hat Stanley Milgram durch seine Experimente mit Bürgern von New Haven gezeigt, dass normale Leute veranlasst werden konnten, anderen Menschen vermeintlich schmerzvolle Elektroschocks zu versetzen, wenn sie glaubten, an einem von der *Yale University* sanktionierten Lernexperiment teilzunehmen. Es bedurfte nur einer Person in weißem Kittel, die ihnen sagte, sie müssten diese Behandlung fortsetzen, auch wenn sie glaubten, die von ihnen verabreichten Schocks könnten lebensgefährlich sein. Wer immer die Ansicht vertritt, er oder sie würden dergleichen nicht tun, möge Milgrams Buch *Obedience to Authority* (dt.: *Das Milgram-Experiment. Zur Gehorsamsbereitschaft gegenüber Autorität*, Rowohlt Verlag) lesen.

Wir waren Zeugen der Schrecken des Holocaust, des Massakers unter vietnamesischen Zivilisten in My Lai, der Misshandlung von Irakern in Abu Ghraib – all diese Gräueltaten, begangen von normalen Leuten, können jeweils nur im Zusammenhang mit Zeit und Ort des Geschehens begriffen werden. Die unausweichliche Folgerung lautet also, dass jeder von uns die Fähigkeit in sich trägt, sowohl Gutes als auch Böses zu tun, und den Einflüssen der betreffenden Situation ausgesetzt ist. Daher kann die Bedeutung der Lage, in die wir uns begeben, und der Menschen, die unsere besten – oder schlechtesten – Seiten zum Vorschein bringen, gar nicht hoch genug eingeschätzt werden. Doch gerade diese Tatsache wird bei der Betonung der persönlichen Verantwortung häufig außer Acht gelassen, so als könnte sich unser moralisches Empfinden einfach über jede Situation hinwegsetzen, in die wir geraten.

Unter den eher prosaischen Umständen unseres täglichen Lebens liegt es auf der Hand, dass die Menschen, die wir in unserer Nähe haben möchten, einen großen Einfluss auf unser Verhalten ausüben. Das Phänomen des Gruppenzwangs ist unter Jugendlichen weit verbreitet, und die Cliquen, denen wir in der Schule angehören (oder die uns ausschließen), sagen viel darüber aus, was für eine Art von Mensch wir sind und werden. Die Sorge der Eltern um die Entwicklung ihres Kindes wird durch die Personen, die es zu Freunden wählt, entweder verringert oder vergrößert. Zum Beispiel haben Jugendliche, die vor allem an wissenschaftlichen Fragen interessiert sind, nicht weniger die Neigung zusammenzuhalten als jene, in deren gesellschaftlichem Leben der Drogenkonsum eine große Rolle spielt. Sicherlich gibt es auch Gemeinsamkeiten zwischen den einzelnen Gruppen, aber im Großen und Ganzen ziehen wir die Gesellschaft von Leuten vor, bei denen wir irgendeine Widerspiegelung unserer selbst wahrnehmen können.

Ein wichtiger Aspekt unseres Bemühens, der Mensch zu werden, der wir gern sein möchten, ist die sorgfältige Auswahl der Personen, mit denen wir unsere Zeit verbringen. Indem wir diese Entscheidungen treffen, wählen wir nicht nur jene aus, die ähnliche Dinge tun wollen wie wir. Wir treffen auch eine Aussage darüber, welche Werte und Charaktereigenschaften wir zu fördern wünschen. Jede wesentliche Beziehung verändert uns. In vielerlei Hinsicht werden wir jenen Menschen, die für uns wichtig sind, immer ähnlicher. Wer war nicht schon überrascht, wenn er durch sein Verhalten oder seine Gefühlsregungen unerwartet an einen Elternteil erinnert wurde? »Je älter ich werde, desto mehr werde ich wie mein Vater.« Das ist eine ebenso reumütige wie häufig geäußerte Anerkennung seines Einflusses.

Und so verhält es sich mehr oder weniger mit allen Menschen, denen wir nahestehen. Deshalb müssen wir unsere Freunde sorgsam auswählen. Sie und ihre Werte werden noch lange Zeit auf uns einwirken.

Wenn wir anfangen, mit der Intimität zu experimentieren, kommt unsere erste Liebe oft aus der Gruppe, der wir angehören. Die spezifische Art unserer Interaktion wird beeinflusst durch die Gebräuche und Anschauungen eben dieser Gruppe. Zu dem Zeitpunkt zeichnet sich die Kontur unserer Persönlichkeit bereits deutlich ab. Menschen, denen wir uns verbunden fühlen, betonen oder verändern sie dann. Ein großer Teil dieser Anpassungen vollzieht sich unterhalb der Bewusstseinsschwelle, wodurch wir zu der Überzeugung gelangen, dass das, was uns als Liebe erscheint, ein geheimnisvoller Prozess ist, der nicht ganz erklärt oder verstanden werden kann. Wir bemerken zwar, dass bei unserer Wahl des Partners, mit dem wir intim sein werden, auch gemeinsame Interessen eine gewisse Rolle spielen, aber hauptsächlich überlassen wir uns jenem undurchschaubaren Prozess, der uns vor allen anderen zu dieser einen Person zieht.

Üblicherweise wurden wir weder systematisch über das Konzept der persönlichen Eigenarten informiert noch über die Ansammlung von Charaktereigenschaften, die jeder von uns zum Ausdruck bringt. Also fliegen wir gleichsam blind, angetrieben von hormongesteuerten Leidenschaften und oberflächlichen, durch die Kultur geprägten Auffassungen von Attraktivität, doch ohne echtes Wissen darüber, wie wir das Verhalten der Menschen oder ihre (und unsere) Veränderungen vorhersehen können. Leider stehen uns für diese »laienhaften« Experimente nur wenige Jahre zur Verfügung, ehe wir dann weitreichende Entscheidungen darüber treffen sollen, mit wem wir gern zusammenleben, Kinder haben und alt werden möchten. Bei einem derart schwierigen Prozess würde man eine beträchtlich hohe Fehlerquote erwarten, und tatsächlich wird diese durch die Häufigkeit der Scheidungen bestätigt. In gewisser Weise ist es ein Wunder, dass sich überhaupt jemals eine dieser Entscheidungen als richtig erweist.

Während wir genau darauf achten, mit welchen Menschen wir unsere Zeit verbringen, täten wir auch gut daran, die jeweiligen Lebensumstände in Betracht zu ziehen und zu erkennen, dass auch die Orte und Situationen, die unsere Umgebung ausmachen, ins Gewicht fallen. Ich kenne einige Menschen, die sich fragen, warum viele ihrer Freunde Probleme mit dem Alkohol zu haben scheinen, wo doch kein Zweifel daran besteht, dass sie einen Großteil ihres gesellschaftlichen Lebens in Bars verbringen. Es gibt kein Verhalten, das sich nicht zumindest in geringem Maße auf unsere Selbstachtung auswirkt. Alles, was wir tun, jeder Ort, den wir aufsuchen, jede Person, mit der wir interagieren, hat Einfluss auf unser Selbstbild. An dieser Stelle kommt uns erneut die Volksweisheit zu Hilfe: »Wenn du dich zu Hunden legst, stehst du mit Flöhen auf« oder, optimistischer formuliert: »Ein Adler fängt keine Fliegen.« Diese Warnungen sind insofern besonders wichtig, als unsere Wahl der Menschen und Orte zur Gewohnheit und damit zu einem Ausdruck unserer selbst wird.

Das Wesentliche ist für die Augen unsichtbar

Der vielleicht beste Rat für Menschen, die lernen sollen, Beziehungen richtig einzuschätzen, lautet: Lassen Sie sich Zeit. Die meisten von uns neigen dazu, Entscheidungen hastig zu treffen und sich dabei auf unzureichende Fakten zu stützen. Zum Beispiel sind viele unserer Anschaffungen das, was Einzelhändler als »Spontankäufe« bezeichnen, weshalb sich die Anbieter sehr viel Mühe mit der Verpackung und dem sogenannten »Product-Placement« geben. Ein Glaubensartikel der Werbebranche besagt, dass die Leute ihre Kaufentscheidungen auf die seichtesten Überlegungen gründen. Sie können sicher sein, dass man auch über den Titel und die Umschlaggestaltung dieses Buches ausgiebig nachgedacht hat. Und den äußeren Merkmalen des Autos, das Sie fahren, wurde ebenso viel Aufmerksamkeit zuteil wie dem Motor, der es antreibt. Denn obwohl wir uns alle für kompetent genug halten, das Aussehen eines Autos zu beurteilen, verstehen sich nur wenige darauf, seine Mechanik zu begutachten.

Wir werden gewissermaßen konditioniert, bei unseren Kaufentscheidungen den oberflächlichen Eigenschaften eine nicht gerechtfertigte Beachtung zu schenken. Dass sich diese Tendenz auch auf unsere Urteile im gesellschaftlichen Bereich auswirkt, kann man an der heutigen Unterhaltungskultur deutlich erkennen. Was erregt unser Interesse? Wer füllt die Seiten unserer Illustrierten? Wem würden wir gern ähneln? Wenn ich an die Menschen denke, mit denen ich mein Praxisjahr in einem großen Lehrkrankenhaus absolvierte, bin ich verblüfft, wie wenig sie dem Personal in der Fernsehserie *Grey's Anatomy* glichen. (Auch hatte leider keiner von uns auch nur annähernd so viel Sex an so vielen Orten wie die Fachkräfte des fiktiven Seattle Grace Hospital.) Dieses Phänomen erzeugt nicht nur eine Art chronische Unzufriedenheit mit uns selbst, sondern führt auch dazu, dass wir bei der Einschätzung anderer Menschen viel zu großen Wert auf äußere Merkmale legen.

Die Wahl eines Freundes, mit der das erste Stadium jeder Beziehung beginnt oder beginnen sollte, ist ein bisschen wie der Kauf eines Gebrauchtwagens. Jede Person, der wir begegnen, hat in quantitativer wie qualitativer Hinsicht einen bestimmten »Kilometerstand«. Das ist ihre Lebensgeschichte, und es dauert eine Weile, bis wir sie von jemandem erfahren, den wir gerade erst kennengelernt haben. Jeder von uns trägt eine unterschiedliche Version der eigenen Vergangenheit mit sich herum, die manchmal nur eine vage Ähnlichkeit mit dem hat, was tatsächlich passiert ist. Das kommt daher, dass unser Gedächtnis kein perfektes »Aufnahmegerät« ist – und dass die Deutungen unserer Erfahrungen variieren, je nachdem, welches Selbstbild wir nach außen darzustellen versuchen. Außerdem ändert sich die Geschichte wohl auch mit der Person, der wir sie erzählen. Beispielsweise höre ich als Therapeut von meinen Patienten meist die Versionen ihrer Lebensgeschichten, die sie anderen – sogar den ihnen am nächsten Stehenden – vielleicht nie mitgeteilt haben.

Daher ist es für jeden von uns wichtig zu erkennen, dass es sich bei den Aussagen der Leute über sich selbst um einen bereinigten Bericht ihrer Vergangenheit handelt, in dem sie gewöhnlich jene Eigenschaften oder Leistungen übertreiben, die der Zuhörer ihrer Meinung nach schätzen wird. Wie genau die Informationen wirklich sind, wird bisweilen erst durch ein Gespräch mit anderen Menschen deutlich, die damals zugegen waren. Häufig empfinde ich tiefes Mitgefühl mit Menschen, die gerade eine Scheidung durchmachen und bedauern, die Gelegenheit zu einem vorehelichen Gespräch mit den Expartnerinnen ihres Mannes oder den Expartnern ihrer Frau nicht ergriffen zu haben.

Selbst wenn wir ziemlich sicher sind, über die Vergangenheit des oder der anderen gut unterrichtet zu sein, bleibt es doch weiterhin eine heikle Aufgabe herauszufinden, wie man damit umgehen soll. Gewiss fällt es uns schwer vorherzusehen, was dieser Mensch tun und wie er morgen, in einem Jahr oder gar in einem Jahrzehnt sein wird. Doch immerhin gibt es Warnsignale. Wer etwa in der Hoffnung auf eine Romanze mit einem Gefängnisinsassen korrespondiert, läuft im Allgemeinen Gefahr, eine Enttäuschung zu erleben. Das Gleiche mag auf diejenigen zutreffen, die in Bars nach Liebe suchen – obwohl sie zahlreich sind und ihr Glück manchmal sogar dort finden.

Wichtiger als der Ort der Begegnung ist jedoch die Fähigkeit, den Charakter eines Menschen einzuschätzen. Wo sollen wir zum Beispiel lernen, aus Zeichen zu schließen, dass unser Gegenüber hauptsächlich auf seine eigenen Interessen bedacht ist? Wann signalisiert anmutiges Flirten

Oberflächlichkeit des Denkens und Fühlens? Was ist der Unterschied zwischen Spontaneität und Impulsivität? Wie gut muss man organisiert sein, ehe das Bedürfnis nach Kontrolle unangenehm wird? Diese und ähnliche Fragen müssen wir in Bezug auf jede Person stellen, mit der wir eine Freundschaft in Betracht ziehen. Sie verweisen auf Eigenschaften wie Integrität, Seriosität und vor allem Kompatibilität. Denn ob wir uns dessen bewusst sind oder nicht: Unsere Suche nach dem geliebten anderen hängt davon ab, welche Widerspiegelungen unserer selbst wir wahrnehmen, wenn wir ihm in die Augen blicken.

Das ist die verborgene Wirklichkeit hinter unseren intimsten Beziehungen und der Grund für die oft traurige Wahrheit, dass wir fast immer den Ehepartner bekommen, den wir verdienen. Darüber hinaus ist es auch die Kraft hinter der Bitterkeit, die mit den meisten Scheidungen einhergeht: Wir sind vollends damit beschäftigt, uns unsere am wenigsten bewunderten Eigenschaften förmlich auszutreiben.

Doch konzentrieren wir uns zunächst auf den Auswahlprozess. Wir versuchen die Person vor uns einzuschätzen (Was unterscheidet zum Beispiel einen Gesellschaftstrinker von einem Alkoholiker?) und gleichzeitig Mutmaßungen darüber anzustellen, wie sie wohl sein wird, wenn ihre Haut faltig ist. Hier kommt der Fähigkeit, gut aufzupassen und Verhaltensmuster zu erkennen, eine ebenso große Bedeutung zu wie dem Vermögen, auf die Zukunft zu schließen. Wenn wir unsere Aufmerksamkeit dem schenken, was Therapeuten (redundant) »die frühere Lebensgeschichte« nennen, mag das nicht so schwierig sein, wie man es sich vielleicht vorstellt. Und, wie bereits erwähnt, bleiben unsere wesentlichen Charakterzüge auf Dauer bemerkenswert konstant.

Im Prozess des Kennenlernens finden viele Zwiegespräche statt, aber man muss auch beobachten, wie sich dieser Mensch in gewissen Situationen verhält. Wie behandelt er andere, zumal jene, die ihm einen Dienst erweisen? Wie sind seine Freunde? Zu welcher Art von Temperamentsausbrüchen neigt er? Wie wird er mit Enttäuschungen fertig? Ist er ein guter Fahrer? Welche Beziehung hat er zum Geld? Das heißt, wir versuchen Einblick zu gewinnen in die Lebensanschauung unseres möglichen Partners und dadurch festzustellen, inwieweit sie zu der unseren passt. Wenn wir Freundlichkeit, Übereinstimmung und Großzügigkeit höher bewerten als Grausamkeit, Konkurrenzdenken und Geiz, müssen wir herausfinden, wie diese Person unter ganz verschiedenen Umständen handelt. Eben deshalb spielt die Zeit eine so wichtige Rolle, wenn wir jemanden wirklich kennenlernen wollen.

Die erste Pflicht der Liebe ist das Zuhören

Keine Eigenschaft offenbart so viel über einen Menschen wie seine Fähigkeit, aufmerksam für andere zu sein. Wir leben in einer Kultur, in der sich viele zum Schweigen gebracht fühlen. Die Stimmen, die aus unseren Radios und Fernsehgeräten dringen, sind oft laut und rechthaberisch, zugleich jedoch in ihrer Anzahl begrenzt. Das hat sich durch das Bloggen im Internet ein wenig geändert. Unser Erziehungssystem legt den Akzent auf das Wissen und die Meinungen derer, die älter sind (aber nicht zu alt) und als Autoritäten gelten. Unsere politische Führung konfrontiert uns regelmäßig mit selbstsüchtigen Lügen und scheinbar vernünftigen Erklärungen. Die meisten können sich überhaupt nicht vorstellen, jemals Zugang zum öffentlichen Megaphon zu erhalten oder außerhalb des engen Bekanntenkreises jemanden zu haben, der ihren Worten oder Überzeugungen auch nur die geringste Beachtung schenkt. Selbst unter jenen, die uns am nächsten stehen, ist die Fähigkeit zuzuhören gewöhnlich nicht gut entwickelt. Und so hungern wir förmlich nach Aufmerksamkeit.

Im Rahmen meiner therapeutischen Tätigkeit würde ich gern behaupten können, dass die Patienten aus der Weisheit und den blendenden Einsichten, die ich beitrage, den größten Nutzen ziehen. Doch ehrlich gesagt sitze ich meistens nur still da und versuche Fragen zu formulieren, die ihnen helfen herauszufinden, was sie unternehmen sollten, um ihr Leben zu ändern. Dazu muss ich mich auf das konzentrieren, was sie sagen. Warum geben Leute Geld aus, um sich auf einen solchen Prozess mit jemandem einzulassen, dessen eigenes Leben vermutlich weder glücklicher noch erfüllender ist als das ihre? Die Antwort lautet natürlich: Die meisten Menschen empfinden es als wohltuend, dass ein von der Gesellschaft beauftragter Heiler ihnen unvoreingenommen zuhört. Viele profitieren ebenso von ähnlichen (und weniger kostspieligen) Interaktionen mit ihrem Friseur, Barkeeper oder Geistlichen.

Die Fähigkeit, auf die geäußerten Bedürfnisse und Wünsche einer anderen Person einzugehen, zumal wenn man nicht dafür bezahlt wird, spiegelt eine geistige Großzügigkeit wider, die in der Bevölkerung eher dünn gesät ist. Eine derartige Aufmerksamkeit vermittelt eine Achtung vor dem Gegenüber, die unverkennbar ist und unsere tiefste menschliche Sehnsucht nach Verbundenheit stillt. Auch wenn es stimmt, dass wir diese Welt allein betreten und wieder verlassen, können nur wenige von uns lange Zeit allein bleiben, ohne verrückt zu werden.

Kein Wunder also, dass wir inständig hoffen, gehört zu werden, und dankbar auf jeden reagieren, der uns lauscht. Auf irgendeiner inneren Ebene ist uns bewusst, dass diese Gabe mit anderen wünschenswerten Qualitäten wie Freundlichkeit, Selbstlosigkeit und Einfühlungsvermögen einhergeht. Das Gegenteil trifft aber auch zu: Über einen der berühmtesten und rechthaberischsten Fernsehkommentatoren Amerikas hieß es, mit ihm zu sprechen sei, als versuche man, aus einem Feuerwehrschlauch zu trinken.

Die Folgen einer nur schwach ausgeprägten Aufnahmebereitschaft sind höchst bedenklich. Das augenfälligste Kennzeichen von Menschen, die nicht imstande sind, andere zu beachten, ist mangelndes Interesse an dem, was die andere Person sagt. Jemandem wirklich zuzuhören ist mehr als gutes Benehmen. Es ist eine Bestätigung, dass der Gesprächspartner uns wirklich etwas Wichtiges zu sagen hat.

Die Fähigkeit zuzuhören kann genauso vorgetäuscht werden wie jede andere erstrebenswerte Eigenschaft. Wer seinen Lebensunterhalt damit verdient, andere hinters Licht zu führen – etwa ein skrupelloser Verkäufer –, ist vordergründig oft reizend und bestens ausgestattet mit der eingeübten Fähigkeit, nicht empfundenes Interesse zu zeigen. Das Motto dieser Leute lautet: »Gib dich immer ehrlich, ob du es bist oder nicht.« Es ist manchmal schwer festzustellen, ob man es tatsächlich mit einer solchen Person zu tun hat, doch wenn die Transaktion Geld oder Sex einschließt, müssen wir auf der Hut sein. Diese Einsicht kann erst im Laufe der Zeit gewonnen werden – ein weiteres Argument gegen den sentimentalen Mythos von der Liebe auf den ersten Blick.

Wenn alles gesagt und getan ist, ist mehr gesagt als getan

Abgesehen von der Unfähigkeit oder der mangelnden Bereitschaft, dem Gegenüber Gehör zu schenken, sollten uns weitere Verhaltensweisen darauf aufmerksam machen, dass wir in Gesellschaft einer beherrschenden, ausbeuterischen oder selbstbezogenen Person sind. Auf jeder Liste wünschenswerter Eigenschaften rangiert die Zuverlässigkeit weit oben. Menschen, die konsequent das tun, was sie versprechen, bilden jedoch überraschenderweise Ausnahmen. Darin spiegelt sich das Phänomen des Silvesterabends wider, an dem wir bestimmte Entschlüsse fassen: Jeder von uns weiß, was er tun *sollte*, um der Mensch zu werden, der er gern sein möchte. Leider brechen wir Versprechen, die wir uns selbst gegeben haben, derart häufig, dass daraus eine Gewohnheit wird, die all jene Lügen erklärt, die wir anderen bewusst oder unbewusst auftischen. Der Satz »Ich ruf dich morgen an« ist viel eher ein Vorwand, um sich der betreffenden Situation zu entziehen, als eine ernst gemeinte Aussage.

Wer dauernd zu spät kommt oder etwas vergisst, zeigt damit gewöhnlich eine unangenehme Neigung zu passivaggressivem Verhalten und nicht etwa, dass er zu beschäftigt oder zerstreut ist oder einen lauteren Wecker braucht. Jedes nicht eingehaltene Versprechen sollte als ein Hinweis auf Prioritäten gedeutet werden. Meistens erwartet man von uns, solche Versehen als zufällig zu betrachten und sie daher auch niemandem anzulasten. Doch wenn sie ein Verhaltensmuster ergeben, das wir ignorieren, tun wir dies auf eigene Gefahr.

Wie wir uns in Gegenwart eines anderen Menschen fühlen, ist ein hervorragender Indikator für den Wert der Beziehung. Wie schon erwähnt gibt uns jede menschliche Interaktion ein besseres oder schlechteres Gefühl in Bezug auf uns selbst. Und manchmal macht das einen großen Unterschied. Wenn wir jemandem das Leben retten, haben wir das Recht, uns als Held zu fühlen. Und wenn wir auf der Schnellstraße einem anderen Fahrer gestatten einzuscheren, stärkt das für einen Moment unser Ichbewusstsein. Schneiden wir ihn dagegen, werden wir wohl ein wenig Selbstachtung einbüßen. Dass wir uns durch den Umgang mit einem Menschen wertvoller fühlen, ist ein wichtiger Grund, die Erfahrung mit ihm zu verlängern – und der andere wird wohl genauso denken.

Treulosigkeit nimmt viele Formen an. Am einen Ende der Skala haben wir jene, die einfach keinen Finger rühren, um ihren Teil zu der Beziehung beizutragen. Zwar bin ich stets skeptisch gegenüber Vereinbarungen, die getroffen werden, um sicherzustellen, dass die prosaischen Aufgaben, die einen problemlosen Tagesablauf gewährleisten und sehr viel Kraft kosten, gleichmäßig verteilt sind. Bisweilen werden sogar Listen und Verträge angefertigt, die genau festlegen, wer was erledigt. Tatsächlich aber ist es schwer, problemlos mit jemandem zusammenzuleben, der bei den oft unerfreulichen Arbeiten im Haushalt nicht mithelfen will. Am anderen Ende der Skala rangiert die bewusste, mit einer

Affäre verbundene Täuschung. Diese besondere Form der Treulosigkeit ist für die meisten von uns unerträglich, weil sie das Vertrauen untergräbt, einen wesentlichen Bestandteil der von beiden Partnern eingegangenen Verpflichtung.

Vielleicht müssen wir jede Beziehung als eine Sammlung impliziter Versprechen sehen. In erster Linie gehört dazu die Versicherung, nichts zu tun, was die andere Person vorsätzlich verletzen würde. Das Gegenteil dieser Redlichkeit ist eine Art Gemeinheit, die in Zankereien zum Ausdruck kommt und den Partnern eine Abwehrhaltung aufzwingt, aufgrund deren sie in Alarmbereitschaft bleiben. Wir alle kennen Situationen, in denen fortwährende Unstimmigkeiten – zumeist wegen Lappalien – ein bestimmtes Verhaltensmuster erzeugen und kleinliche Auseinandersetzungen die übliche Form der Kommunikation sind. Wenn zudem Sarkasmus eine wichtige Rolle im Umgang miteinander spielt, so ist das ein unheilvolles Zeichen für den Fortgang der Beziehung. Wir können den mehr oder weniger heftigen Widerspruch eines geliebten Menschen durchaus annehmen und verdauen, doch jeder Ausdruck von Verachtung, selbst (oder besonders) unter der Maske des Humors, ist tödlich.

Bestimmte Beziehungsmythen klingen plausibel und werden ständig beschworen, um alle Arten von Konfliktverhalten zu rechtfertigen. Sie äußern sich in einer Reihe von Behauptungen, die anstandslos akzeptiert werden und zusammengenommen das konventionelle Wissen ausmachen: »Alle Paare streiten sich«, »Es ist besser, die Wut rauszulassen, als sie zu unterdrücken«, »Männer wollen doch bloß nur das eine«, »Frauen führen immer was im Schilde«, »Im

Kompromiss liegt das Geheimnis des Glücks«, »Langeweile ist unvermeidlich«, »Betrachte nur einmal die Natur – Monogamie ist unnatürlich« und so weiter. Diese Binsenweisheiten haben insgesamt den Effekt, dass die Erwartungen niedrig gehalten werden. Folglich geben wir uns mit weniger als dem zufrieden, was unseren tiefsten Wünschen entspricht.

Schließlich und endlich: Die Gefahr lauert in den Extremen. Freud ging der berühmten Frage nach: »Was wollen Frauen?«, die bis heute bei Männern Widerhall findet. In Herzensangelegenheiten lautet die Antwort meiner Meinung nach: Sowohl Frauen als auch Männer suchen nach *Aufregung*, aus der dann jenes Verhalten resultiert, das zum Überleben der menschlichen Spezies beiträgt. Für beide Geschlechter liegt das Problem allerdings darin, dass die oberflächliche Aufregung – wie jede aufputschende Droge – häufig überraschende Nebenwirkungen von der Sorte zeitigt, die wir bereits erörtert haben.

Das klassische Beispiel hierfür ist die schöne Frau, die an die Aufmerksamkeit der Männer gewöhnt ist und ihre Attraktivität als Machtinstrument einsetzt. Nachdem sie sich schon früh im Leben zu diesem Verhalten ermuntert sah, um zu bekommen, was sie sich wünschte (oft zuerst von ihrem Vater), schätzt sie jene äußeren Qualitäten, welche die Gesellschaft mit dem weiblichen Ideal assoziiert, immer mehr. Kurzum: Sie ist aufregend. Ihr männliches Gegenstück, der verführerische Mann, ist gleichermaßen geschickt, wenn es darum geht, Begeisterung bei anderen hervorzurufen, indem er eine wirkungsvolle Mischung aus Erfolg und Verletzlichkeit an den Tag legt. Keiner dieser Persönlichkeitstypen hält sich mit den Jahren besonders gut, da sie Charaktereigenschaften wie Loyalität oder Zuverlässigkeit für gewöhnlich nicht entwickelt haben.

Über die *Langeweile* kann man sagen: Sie ist das primäre Gefühl der meisten Ehepartner, die sich scheiden lassen. Oft scheint zwar die Wut vorzuherrschen, aber sie ist in der Regel nur eine sekundäre Reaktion auf die Traurigkeit und die Enttäuschung, dass sich die Erwartungen nicht erfüllt haben. Betrachten Sie die lächelnde Braut und den frohen Bräutigam auf den Hochzeitsfotos. Können Sie sich vorstellen, dass sie einander ein paar Jahre später bis zum Überdruss langweilen? Doch die Statistiken lügen nicht: Dies ist das Schicksal der meisten Paare. Offenbar erzeugt Vertrautheit nicht immer Verachtung, aber sie fördert nur selten eine tiefe Verbundenheit. Wenn Sie sich also schon bald nach der Hochzeit mit Ihrem Partner, den Sie aus bestimmten Gründen geheiratet haben – Sicherheit, Druck der Familie, die Angst, im Alter allein zu sein –, langweilen, stehen die Chancen für dauerhaftes Glück oder eine erfolgreiche Ehe eher ungünstig. Denken Sie an das Sprichwort: »Die Götter gaben dem Menschen das Feuer, und er erfand Feuerlöschfahrzeuge. Sie gaben ihm die Liebe, und er erfand die Ehe.«

ZWEITER TEIL

Schätzenswerte Menschen

Die wesentlichen Tugenden

Wenn wir jene Eigenschaften und Werte betrachten, die wir bei anderen suchen und bei uns selbst fördern wollen, kommen uns einige davon sofort in den Sinn. Ich habe zehn Tugenden ausgewählt, die wohl die meisten von uns übereinstimmend als wichtig genug erachten würden, um all ihre Bemühungen darauf zu richten: *Freundlichkeit*, *Optimismus*, *Mut*, *Loyalität*, *Toleranz*, *Aufrichtigkeit*, *Schönheit*, *Humor*, *Flexibilität* und *Intelligenz*. Die Liste erhebt keinen Anspruch auf Vollständigkeit, und zweifellos werden Ihnen noch andere von Ihnen geschätzte Eigenschaften einfallen. Es wäre in der Tat eine ausgezeichnete Übung, diese Liste entsprechend zu ergänzen. In gewisser Hinsicht stellen diese zehn Tugenden für mich das höchste Ziel allen menschlichen Strebens dar. Sie sind das Gegenteil von Selbstbezogenheit, Oberflächlichkeit, Mutlosigkeit und Angst – also jener Merkmale gestörter Persönlichkeitstypen, die ich im ersten Teil dieses Buches beschrieben habe.

Ich beeile mich hinzuzufügen, dass derartige Unterscheidungen keine scharfe Trennlinie zwischen geistiger Gesundheit und geistiger Krankheit ziehen sollen, obwohl ein Mensch, der über viele der hier aufgelisteten Tugenden verfügt, für ein harmonisches Zusammenleben mit anderen besser geeignet ist. In einem umfassenderen Sinne können wir davon ausgehen, dass eine Gesellschaft, die Menschen ermutigt, solche Tugenden zum Ausdruck zu bringen, ihr Handeln an kollektiven Zielen wie Frieden, Ehrfurcht vor der Natur und Achtung vor anderen Menschen orientieren wird.

Ähnlich wie die zuvor erörterten problematischen Charakterzüge und Verhaltensweisen miteinander verbunden sind, treten auch die tugendhaften Eigenschaften erwartungsgemäß häufig zusammen auf. Wer zum Beispiel der Freundlichkeit einen hohen Wert beimisst, neigt wohl zu Optimismus und Toleranz, die schließlich Aspekte einer Einstellung darstellen, dank deren man die Bedürfnisse und Wünsche anderer bewusst respektiert.

Es liegt auf der Hand, dass niemand auch nur eine dieser Tugenden in reiner Form verkörpert. Manche davon, etwa Mut, kann starken Schwankungen unterworfen sein, sich bemerkbar machen und wieder verschwinden. Kein Mensch ist in allen Situationen mutig, und es gibt verschiedene Arten von Tapferkeit – auf der physischen, der moralischen und der geistigen Ebene. Als unvollkommene Menschen suchen wir also jemanden, der sich nachdrücklich um ein Verhalten bemüht, das möglichst viele dieser Tugenden offenbart. Indem wir solche Personen schätzen, unternehmen wir allem Anschein nach den Versuch, zu ihnen zu gehören. Die Tatsache, dass wir das Ideal immer wieder verfehlen, ist eine Bewährungsprobe für die Toleranz, eine der wesentlichen, von uns angestrebten Eigenschaften.

Es wurde gesagt, anders als in der Grundschule bekäme man im Leben keine guten Noten für die eigene Anstrengung, es zählten allein die Ergebnisse. Doch angesichts unserer Unzulänglichkeiten müssen wir Lernschwierigkeiten mit einkalkulieren. Ein anständiges Verhalten erfordert gewisse, nur durch Studium und Erfahrung zu gewinnende Einsichten in Bezug auf uns selbst und andere. Genauso wie wir nicht erwarten würden, spontan eine fremde Sprache zu beherrschen oder anmutig Ski zu fahren, sind wir unser ganzes Leben lang mit dem komplexen Prozess beschäftigt, Beziehungen zu Menschen herzustellen und zu pflegen. Diese Aufgabe verlangt viel Selbstbeobachtung und die Fähigkeit, aus Erfahrungen zu lernen. Dafür gibt es kaum Ausbildungskurse, und die Qualität der Unterweisungen, die wir von unseresgleichen bekommen und von denen, die es vor uns versucht haben, ist sehr uneinheitlich.

Wenn wir uns letztlich auf die eigene Beobachtung der Welt und ihrer Mechanismen verlassen müssen, sollten wir uns darauf konzentrieren, Menschen mit jenen Eigenschaften zu finden, die wir selbst entwickeln möchten. Falls wir Glück haben, dienen uns die Eltern als kompetente Lehrer und Vorbilder, aber häufig sind wir gezwungen, uns anderswo nach bewundernswerten Erwachsenen umzuschauen. Wir müssen darauf vertrauen, dass es einen Wissensschatz über menschliche Beziehungen gibt, den zu erwerben unsere Aufgabe ist, und dass wir dies am besten bewerkstelligen, indem wir uns mit Menschen umgeben, die ein bewusstes Leben für möglich halten, in dem Sinn und tiefere Bedeutung eine ebenso große Rolle spielen wie die Freude.

Jeder von uns befindet sich gleichsam in einem Arbeitsprozess und gibt sich alle Mühe, gut zu leben – in einer Kultur, die oftmals nichts als Ichbezogenheit und Eigennutz zu belohnen scheint. Wenn wir für uns etwas anderes möchten, müssen wir lernen, ähnlich motivierte Menschen zu erkennen und uns ihnen anzunähern. Sie werden uns in dem Bemühen, der Bewunderung würdig zu sein, zur Seite stehen. Unter ihnen entdecken wir dann jene, die uns lieben und uns erlauben werden, sie zu lieben.

Freundlichkeit

Freundlichkeit ist jene unentbehrliche Tugend, aus der die meisten anderen Tugenden hervorgehen und damit die Quelle unseres Glücks. Wenn wir Liebe so definieren, dass sie die Bedürfnisse und Wünsche des geliebten Wesens auf eine Stufe mit unseren eigenen stellt, dann schließt Freundlichkeit das Vermögen ein, diese Bedürfnisse und Wünsche bei jeder Interaktion mit dem geliebten Menschen sorgsam zu erwägen. Sie setzt voraus, ohne es zu fordern, dass der oder die andere entsprechend reagieren wird, und ist in dieser Hinsicht entschieden optimistisch. Außerdem spiegelt sie den Glauben an die grundsätzliche Anständigkeit der Menschen wider. Deshalb muss sie durch die Fähigkeit ausgeglichen werden, jene zu erkennen, die zu einer derartigen Reaktion nicht bereit oder imstande sind und sich darauf verlegen, Leute auszunutzen, die naiv genug sind anzunehmen, jedem von uns wohne die Gabe der Freundlichkeit inne. Die Fähigkeit zu lieben ist keineswegs dicht gesät und mag durch den starken Hang zum Eigennutz außer Kraft gesetzt werden.

Unter dem Schirm der Freundlichkeit finden sich einige hochgeschätzte und leicht identifizierbare Eigenschaften: Einfühlungsvermögen, Großzügigkeit, Selbstlosigkeit, Toleranz, Akzeptanz, Mitgefühl. Sie alle beinhalten die Überzeugung, dass die Qualität unserer zwischenmenschlichen

Beziehungen der ausschlaggebende Faktor für unser eigenes Glück ist – und dass unser Bemühen um ein erfolgreiches Leben nicht auf Kosten anderer gehen darf. Die Vorstellung, dass Menschen gemeinsam wachsen, wird immer wieder unterdrückt in jenem Wettkampf, dessen Ziel es ist, unseren Teil (und mehr) von dem abzubekommen, was wir als wertvoll und vorteilhaft erachten: Geld, Prestige, Macht. Wenn wir derlei durch Ausbeutung anderer erlangen, fällt es schwer, dem eigenen Leben einen Sinn zu geben, der uns stärkt.

Damit wir glücklich sein können, müssen wir die Fähigkeit besitzen, uns mit früheren Verhaltensweisen abzufinden, Freude aus dem Augenblick zu schöpfen und für die Zukunft ein bestimmtes Ziel ins Auge zu fassen. All dies setzt voraus, dass wir lernen, freundlich zu sein. Die lineare Schilderung unseres Lebens, Vergangenheit und Zukunft aus der Gegenwart betrachtet, formt sich zu einer Geschichte, die wir sowohl schreiben als auch nachdenklich betrachten, während die Zeit an uns vorbeirast. Wir möchten, dass diese Geschichte einen Sinn ergibt und etwas über uns zum Ausdruck bringt, das von einzigartigem Wert ist und Spuren in den Herzen der geliebten Wesen hinterlässt. Nur wenige empfinden Befriedigung angesichts eines Lebens, welches nicht irgendeinen Sinn beinhaltet und zu erkennen gibt, dass unsere Zeit auf Erden auch anderen zugutekommt.

In Gegenwart eines Menschen zu sein, der uns so annimmt, wie wir sind, der uns unsere Zweifel lässt, der aufmerksam verfolgt, was uns innerlich beschäftigt, und der davon ausgeht, dass wir großzügig handeln werden, ist eine äußerst beglückende Erfahrung. Zu solchen Personen fühlen wir uns hingezogen – weil sie untypisch sind und weil sie uns zu einem ähnlichen Verhalten ermuntern. Wahre Freundlichkeit lässt die Grenze zwischen Geben und Nehmen verschwimmen. Sie ist das Gegenteil der »vertragsgemäßen« Sicht auf Beziehungen, in denen Gefälligkeiten ausgetauscht und genau Buch geführt wird, um sicherzustellen, dass man nicht mehr gibt, als man empfängt. Leider trifft Letzteres auf die meisten Ehen zu. Üblicherweise handeln Ehepartner ihre jeweiligen Verpflichtungen aus, damit keiner von beiden das Gefühl hat, ausgenutzt zu werden.

Das Problem besteht darin, dass die Unzufriedenheit mit derartigen Abmachungen weit verbreitet und Gegenstand vieler Neuverhandlungen ist, die das schwer definierbare Gleichgewicht der fairen Verteilung herstellen sollen. Dieses Bedürfnis nach Selbstschutz ist lästig und steht in krassem Gegensatz zu einer Beziehung, in der Freundlichkeit vorherrscht. Wenn ich von verheirateten Menschen höre, sie würden ihren Partner »lieben«, seien aber nicht in ihn »verliebt«, ist mir nie ganz klar, was ich mit dieser Unterscheidung anfangen soll. Es scheint, als redeten sie über irgendeine Pflicht, die sie ohne Leidenschaft oder freudige Erregung erfüllen müssen.

Wenn Freundlichkeit Liebe erzeugt, bleibt zu fragen: Warum ist diese Tugend nicht häufiger anzutreffen? Die einfachste Antwort läuft darauf hinaus, dass wir die Freundlichkeit in unserer Kultur nicht genügend schätzen. Schon sehr früh wird uns beigebracht, wie wichtig der materielle Erfolg sei, und nahegelegt, am allgemeinen Konkurrenzkampf teilzunehmen, damit auch wir ihn erringen. Die mit zig Milliarden finanzierte Werbeindustrie bombardiert uns mit Bildern, die uns unzufrieden machen mit unserem Aussehen und dem, was wir haben, und ständig die Fantasie nähren, wir könnten eine bessere Ausführung unserer selbst käuflich erwerben. Dazu gehört auch die Auffassung, dass wir eine Reihe von Wettbewerben gewinnen müssen, bei denen es um akademischen Erfolg, eine steile Karriere und möglichst prestigeträchtige Beziehungen geht. In jedem dieser Bereiche sollen wir uns mit anderen messen, als könnten wir nur auf ihre Kosten erfolgreich sein. Ist es da verwunderlich, dass unser Leben von Eigennutz und Versagensangst beherrscht wird? Unsere Einstellung zu zwischenmenschlichen Beziehungen beruht auf ganz ähnlichen Anstrengungen und Befürchtungen, und gerade deshalb sind unsere Paarungsrituale so kompliziert und von so viel Misstrauen geprägt.

Man stelle sich einmal die Alternative vor: In Gesellschaft eines zur Freundlichkeit neigenden Menschen wird man das Fehlen jeder Arglist, die Fähigkeit zuzuhören und eine Abneigung gegen das Konkurrenzdenken bemerken. Wenn man imstande ist, diesem Menschen auf die gleiche Art zu begegnen, stellt sich zunehmend ein Gefühl der Sicherheit und des Vertrauens ein. Man teilt ihm vielleicht Dinge über sich selbst mit, die man vorher mühsam geheim gehalten hat, spricht über Ängste und wunde Punkte. Das Bedürfnis nach Selbstschutz verschwindet ebenso wie das Bemühen, anders zu erscheinen, als man ist. Paradoxerweise empfindet man dann eine immer größere Zufriedenheit mit sich selbst, verbunden mit dem Wunsch, ein besserer Mensch zu werden. Man fühlt sich von einer schweren

Last befreit. Endlich ist man gut genug. Tatsächlich mag das Selbstbild, das man in den Augen des geliebten Wesens gespiegelt sieht, fast vollkommen sein. Gern hätte man, dass dieser Augenblick ewig dauert. Stellen Sie sich das einmal vor.

Optimismus

Was ermöglicht einigen von uns, zuversichtlich zu sein in einer Welt voller Unglück und Ungerechtigkeit, wo Zeit und Zufall uns allen zu schaffen machen und wir am Ende die größte Niederlage hinnehmen müssen? Abgesehen von einem tröstlichen religiösen Glauben bedarf es eines geistigen Kunstgriffs, um Sinn und Vergnügen aus dem Moment zu schöpfen. Dazu ist nicht jeder imstande. Man schätzt, dass 15 bis 20 Prozent der Menschen irgendwann im Laufe ihres Lebens unter Depressionen leiden, während ungefähr 10 Prozent ständig von Traurigkeit und mangelnder Selbstachtung gepeinigt werden, und zwar in einem Maße, das ebenfalls zu der formellen Diagnose »Depression« berechtigt.

Angesichts des Zustandes, in dem die Welt sich befindet, überrascht es kaum, dass viele Menschen Zweifel an der Zukunft hegen. Pessimisten, die am stärksten zu Depressionen neigen, betrachten sich fast ausnahmslos als Realisten. Und wenn man die Nachrichten verfolgt, bleibt kaum noch ein Argument gegen die These, dass die Dinge schlecht stehen und sich immer weiter verschlechtern. Dennoch hängt unser individuelles Glück im gegenwärtigen Augenblick zum großen Teil von unseren Erwartungen ab. Unsere Überzeugungen hinsichtlich der Zukunft sind Prophezeiungen, die sich selbst erfüllen. *Wir bekommen nicht das, was wir verdienen, sondern das, was wir erwarten.* Diese Wahrheit bringt sich höchst anschaulich in unseren Interaktionen mit anderen zum Ausdruck. Die Menschen, denen wir uns offen und vertrauensvoll nähern, sind meistens bereit, uns zu helfen. Wenn wir ihnen dagegen mit Misstrauen begegnen, werden sie dieses wohl erwidern.

Zuversicht ist nicht uneigennützig. Im Gegenteil: Es liegt in unserem eigenen Interesse, die gelegentliche Enttäuschung, die der Optimismus mit sich bringt, zu riskieren und so von der Erfahrung zu profitieren, dass unsere Hoffnungen häufig durchaus erfüllt werden. Die übliche Maske des Pessimisten ähnelt der des Depressiven: ein starres Stirnrunzeln, das Unzufriedenheit und Trübsal ausdrückt. Tatsächlich gilt die Triade aus Perfektionismus, Pessimismus und Mutlosigkeit gleichsam als Vorbote und Begleiterscheinung der klinischen Depression. Die Logik ist unvermeidlich: Wer zu viel von sich und anderen verlangt, wird in einer unvollkommenen Welt zwangsläufig unglücklich sein. Wie die meisten Gefühle (Wut, Ängstlichkeit, Liebe) ist auch Traurigkeit ansteckend. Sie nährt sich aus sich selbst und verlangt danach, geteilt zu werden. In diesem Zusammenhang gibt es eine Geschichte über zwei Mädchen, die den Stall ausmisten sollen. Das eine konzentriert sich ganz auf das, was es wegschaufelt. Das andere denkt: »Hier muss doch irgendwo ein Pony sein.«

Wie viele unserer Einstellungen ist auch die Hoffnung – oder der Mangel an ihr – in gewissem Maße die Frucht unserer Erfahrung. Ein Spezialthema der Psychologie – die »erlernte Hilflosigkeit« – beschäftigt sich mit den Konsequenzen, die es für Menschen hat, wenn sie glauben, bezüglich dessen, was sie erleben, kaum eine Wahl zu haben. Falls wir annehmen, dass unsere Bemühungen keinerlei Auswirkung auf die Ergebnisse haben, entwickeln wir eine von Pessimismus und Passivität geprägte Haltung. Der Optimismus hingegen setzt die Überzeugung voraus, dass wir unser Schicksal günstig beeinflussen können.

Die Art und Weise, wie wir auf Rückschläge reagieren, ist ein besonders guter Gradmesser für unsere Zuversicht. Selbst wenn uns in dieser Welt, in der wir vieles gar nicht unter Kontrolle haben können, irgendein schlimmes Ende unausweichlich scheint, können wir dennoch auf die eigene Fähigkeit vertrauen, die Dinge zum Besseren zu wenden. Wenn wir uns angesichts unangenehmer Ereignisse jedoch mutlos und ohnmächtig fühlen und in Selbstvorwürfe verstricken, glauben wir wohl kaum, die Situation erfreulicher gestalten zu können. Schließlich wird unsere Skepsis gegenüber der Möglichkeit, Erfolg versprechende Veränderungen herbeizuführen, zu einer gewohnheitsmäßigen Einstellung. Oder wie der Besucher einer Buchhandlung es ausdrückte: »Fast hätte ich ein Buch darüber gekauft, wie man positiv denkt, aber dann dachte ich: ›Was würde mir das bringen?‹«

Gewöhnlich braucht man nicht lange, um festzustellen, ob man sich in Gesellschaft eines Optimisten oder eines Pessimisten befindet. Einer der besten Indikatoren dafür, wie eine Person sich fühlt, ist die Stimmung, die sie in uns hervorruft. Wenn man im Umgang mit bestimmten Leuten eine gewisse Mutlosigkeit empfindet, kann man mit gutem Recht davon ausgehen, dass es sich zumindest teilweise um eine Widerspiegelung ihrer Mutlosigkeit handelt. Umgekehrt ist natürlich auch Optimismus ansteckend. Manchmal äußert sich dies in Form einer Neuinterpretation von Ereignissen. Kürzlich saß ich in einem Reisebus, dessen Fahrer vom Lenker eines Lastwagens mit lautem Hupen bedacht wurde, weil irgendein anderer Verkehrsteilnehmer nicht aufgepasst hatte. Anstatt wütend oder ausfällig zu werden, sagte der Fahrer: »Schauen Sie. Für diesen Typ bin ich die Nummer eins.« Bei allen Widrigkeiten des Lebens ist ein intakter Sinn für Humor ein äußerst wertvolles Mittel zur Verteidigung. Die Situation mag kritisch sein, aber sie ist nicht wirklich ernst.

Optimismus steht in enger Verbindung mit Erfolg. Was sagt Ihrer Meinung nach ein Batter der ersten Baseball-Liga zu sich selbst, bevor er den Ball schlägt? Selbst die besten seiner Zunft schlagen zwei von drei Bällen ins Aus. Glauben Sie etwa, diese Statistik belastet ihn, wenn er sich dem Schlagmal nähert? Wird er sich nicht eher ein günstigeres Ergebnis vorstellen? Wer ungeachtet seiner Talente nie gelernt hat, an sich selbst zu glauben, wird wohl kaum jemals in der ersten Liga spielen. Man hat ihm nämlich schon vor langer Zeit geraten, sich eine andere Beschäftigung zu suchen. An dieser Stelle fällt auch die Erkenntnis ins Gewicht, dass wir – gerade weil sich unsere Vergangenheit zum großen Teil aus Geschichten zusammensetzt, die wir selbst ersonnen haben – zur selektiven Erinnerung fähig sind. Optimisten neigen dazu, sich an ausgezeichnete Resultate zu erinnern, während sich Pessimisten von den Erinnerungen an Fehlschläge entmutigen lassen.

An einem heißen Tag vor vielen Jahren saß ich mit meiner damals etwa zwölfjährigen Tochter Emily, einem der optimistischsten Menschen, die ich kenne, in einem Boot aus Pappkarton und paddelte aus Leibeskräften, weil wir an einem Rennen teilnahmen. Als immer mehr Wasser einströmte und das Boot sich allmählich unter uns auflöste, dachte ich an all die Stunden, die ich damit zugebracht hatte, das fragile Schiffchen zu versiegeln und zu streichen, um genau dieses Missgeschick zu vermeiden. Schließlich sank es, und wir wurden zu Schwimmern. Emily, die meine Abscheu bemerkte, rief mir zu: »Oh Papa, fühlt sich dieses kalte Wasser nicht gut an?«

Die Schule der »positiven Psychologie« hat gezeigt, dass Optimismus – ebenso wie Hilflosigkeit – erlernbar ist. Unter Einsatz kognitiver Methoden und Übungen aus dem Stressmanagement konnten Martin Seligman und seine Kollegen von der *University of Pennsylvania* überzeugend nachweisen, dass man Pessimisten beibringen kann, Optimisten zu werden, was sich günstig auf den Erfolg in Schule und Beruf, ja sogar auf die Gesundheit auswirkt.

Wie eine der häufig vorkommenden Überschneidungen von Tugenden zeigt, ist Optimismus stark von Mut abhängig. Pessimismus hingegen nimmt ähnlich wie die Depression eine eher starre Position ein. Pessimisten mögen entmutigt werden, aber sie sind selten enttäuscht. Wenn eine Sache schlecht ausgeht, haben sie genau das erwartet. Und wenn etwas besser läuft als vorhergesehen, können sie nur angenehm überrascht sein. Optimisten hingegen riskieren eine Enttäuschung und, schlimmer noch: Sie riskieren, ausgenutzt zu werden und töricht zu erscheinen. Eben deshalb suchen wir oft einen Mittelweg, der, wie wir annehmen, von den echten Realisten begangen wird. Da uns aber die Macht des Weitblicks fehlt, werden wir alle immer wieder überrascht. Mit wem würden Sie also lieber Ihr Leben verbringen: Mit denen, die sich stets auf das Schlimmste gefasst machen, oder mit denen, die das Beste erwarten?

Mut

Es gibt viele Arten von Tapferkeit. Am leichtesten zu erkennen ist die Bereitschaft, körperliche Risiken einzugehen, welche die meisten Menschen nicht einmal in Betracht ziehen würden. Eine hervorstechende Eigenschaft aller Lebewesen kommt in jenem Verhalten zum Ausdruck, das dem Wunsch nach Selbsterhaltung entspricht. Diese Neigung ist praktisch ein evolutionärer Imperativ: zu überleben und sich fortzupflanzen. Was also treibt manche Menschen dazu, ihr Leben für andere oder gar im Namen einer Idee aufs Spiel zu setzen? Das ist die Form von Mut, die häufig mit Orden und Medaillen belohnt wird. Soldaten im Kampfeinsatz sollen bereit sein, sich selbst zu opfern – um der Mission oder des Wohls ihrer Kameraden willen. Wer Taten vollbringt, die außergewöhnliche Tapferkeit verlangen, erhält eine besondere Anerkennung. (Wenn sich ein amerikanischer Soldat auf eine Granate wirft, um die Menschen ringsum zu retten, wird ihm wahrscheinlich die *Congressional Medal of Honor* verliehen – aber nur, wenn die Granate explodiert. In diesem Fall wird seine Familie die Auszeichnung in Empfang nehmen. Wenn er dagegen die Granate aufhebt und zurückschleudert, bekommt er Punkte für seine Geistesgegenwart, aber keine Medaille.)

Einer der vielen verwerflichen Aspekte von Kriegen ist, dass die Konflikte von den Älteren heraufbeschworen und angeführt, die notwendigen Opfer aber von den Jungen gebracht werden. Es scheint ausgesprochen verlogen, auf den Idealismus und die guten Absichten einer Generation zu bauen, um die Ambitionen der Älteren zu befriedigen und deren Fehler zu korrigieren. Alle Kriege sind Bühnen sowohl für das Heldentum als auch für die Brutalität. Stets wird als Grund für den Krieg die »Freiheit« angegeben – die des Vaterlandes oder die eines anderen Staates. Dabei ist uns bewusst, dass es eigentlich um Rohstoffe, Territorien, Religion oder Angst geht. Jedenfalls sind diejenigen, die an den Kampfhandlungen teilnehmen, niemals mit denen identisch, die sie angezettelt haben oder davon profitieren – weder in diesem Jahrhundert noch im letzten.

Das Wesen des Mutes besteht darin, die Angst zu überwinden. Offenbar brauchen wir in diesen Tagen Helden so dringend, dass fast jedem der Heldenstatus zuerkannt wird, der eine Uniform trägt oder seine Tüchtigkeit unter Beweis stellt. Verschwunden ist die Vorstellung, man könne zugunsten eines Menschen ganz gezielt ein Wagnis eingehen. Der Pilot, der ein schrottreifes Flugzeug sicher zur Erde zurückbringen kann, hat seine Aufgabe zwar mit außergewöhnlichem Geschick bewältigt, aber da ihm keine andere Wahl blieb, ist er nach meiner Definition kein Held. Und jemand, der die Risiken des Militärdienstes oder des Feuergefechts auf sich nimmt und überlebt, hat einfach Glück gehabt – ob er nun heldenhaft kämpfte oder nicht.

Das überschwängliche Lob, das denen zuteil wird, die für unsere Unterhaltung sorgen, stürzt uns in Verwirrung. Beispielsweise werden die Leistungen von Sportlern enorm hoch belohnt, und bei unserem Starkult neigen wir dazu,

Schauspieler mit den Figuren zu verwechseln, die sie darstellen.

Im prosaischeren Alltagsleben wird uns selten abverlangt oder die Gelegenheit geboten, körperliche Heldentaten zu vollbringen. Geschichten über die Selbstaufopferung von Zivilisten handeln meist von Menschen, die anderen ohnehin ständig zur Seite stehen: Eltern von behinderten Kindern, Menschen, die gemeinnützige Arbeit leisten, und diejenigen, deren wichtigstes Geschenk ihre Zeit ist – manchmal, wie etwa bei Mutter Teresa, sogar ihr ganzes Leben. Solche Taten werden eher nach den Kriterien der Großzügigkeit (ein Synonym für Freundlichkeit) als des Risikos beurteilt.

Dann gibt es noch den moralischen Mut: Menschen treten für ein tief im Innern als richtig empfundenes, oft missliebiges Prinzip ein und zahlen dafür einen hohen Preis. Hier haben wir jene, die eher ihre Arbeit aufgeben, als ihren sittlichen Überzeugungen untreu zu werden; die sich weigern, angesichts von Ungerechtigkeit Stillschweigen zu bewahren; die bestimmte Maßnahmen ergreifen, um die Machtlosen zu schützen. Und wieder sind es Risiko und Opferbereitschaft, durch die sich diese Art von Mut von bloßer Selbstlosigkeit unterscheidet.

Eine eng damit verwandte Eigenschaft ist *Durchhaltevermögen*. Die Fähigkeit, jene unvermeidlichen Schläge zu ertragen, die das Leben jedem von uns versetzt, und entschlossen gegen die Niederlage anzukämpfen, ist eine der höchsten Formen des Mutes. Überall um uns herum müssen Menschen unglaubliche Verluste hinnehmen. Versuchen Sie sich ein Treffen der *Compassionate Friends* vorzustellen, einer Organisation für Eltern, deren Kinder gestorben sind. Dort findet man ganz normale Leute, die darum ringen, sich selbst und die eigene Wirklichkeit im Griff zu behalten angesichts einer Welt, in der ihnen ein kostbares Kind durch Krankheit, Unfall, Selbstmord oder Mord genommen wurde. Trauernde Eltern, unter Schock und verzweifelt, bieten ihre ganze Kraft auf, um sich mit dem unwiederbringlichen Verlust abzufinden. Um wieder Hoffnung zu schöpfen, wenden sie sich an die einzigen Menschen, die wirklich verstehen können, was in ihnen vorgeht: andere Eltern, deren Kinder ebenfalls verstorben sind. Sie bemühen sich, ihre geistige Gesundheit zu bewahren, um irgendeinen Sinn für sich und ihre Zukunft ohne das verlorene Kind wiederzufinden. Wie lange werden sie sich so fühlen? Wie lange müssen sie Qualen leiden, ehe die klaffende Wunde ihres Kummers zu einer Narbe wird, die sie für immer in sich tragen? Werden sie je wieder das Gefühl haben, dass ihr Leben einen Sinn hat? Können sie in Anbetracht dieser offenbar völlig sinnlosen Katastrophe den Glauben an einen gütigen Gott überhaupt aufrechterhalten?

Wir alle haben unsere Tiefpunkte – Augenblicke, da wir sogar unsere Selbstachtung dem Druck der Angst oder dem zufälligen Schicksal preisgeben, das uns zu zermalmen droht. Diejenigen, die am längsten durchhalten, verdienen unseren Respekt. Der unerbittlichste Feind, mit dem wir im Leben konfrontiert werden, ist vielleicht die Zeit, die uns allmählich unserer Jugend, unserer Gesundheit und am Ende gar unserer Erinnerungen beraubt. (»Die Zeit ist die Schule, in der wir lernen. Die Zeit ist das Feuer, in dem wir verbrennen.«) Deshalb ist das Älterwerden für die meisten von uns eine Übung sowohl in Feigheit als auch in Mut. Und deshalb wünschen sich die Jungen – gewöhnlich vergebens – von den Alten ein Vorbild dafür, wie man in Würde alt wird. In gewisser Weise ist der Alterungsprozess eine unserer letzten Möglichkeiten, tapfer zu sein und die Hoffnung derer zu nähren, die uns nachfolgen müssen.

Ein weiterer Aspekt des Mutes ist die Fähigkeit zur *Hingabe*. Wer an einer Person oder Sache festhält, widersetzt sich damit der allgemeinen Tendenz, einfach aufzugeben, sobald Angst oder Unbehagen spürbar wird oder der unmittelbare Erfolg ausbleibt. Will man einschätzen, inwieweit bei jemandem – zumal bei einem jungen Menschen – wirklich Mut vorhanden ist, können seine bisher eingegangenen Verpflichtungen gegenüber einer bestimmten Person ein nützlicher Indikator sein. Das Gegenteil ist natürlich jene chronische Langeweile, die unter Jugendlichen mittlerweile weit verbreitet ist. Mit dem Siegeszug des Fernsehens, des Computers und äußerst stimulierender elektronischer Spiele scheint unsere Unfähigkeit, uns ohne technische Hilfsmittel zu unterhalten, stark zugenommen zu haben. Es besteht ein deutlicher Unterschied zwischen den Lektionen, die wir bei der Lektüre eines Buches lernen, und denen, die uns durch Spiele wie *Grand Theft Auto* beigebracht werden.

Wie also finden wir in jungen Jahren – wenn wir noch glauben, dass wir ewig leben – heraus, wer mutig ist und wer nicht? Diese Tugend ist deshalb so schwer zu erkennen, weil sie so viele Formen annimmt. Diejenigen zum Beispiel, die ohne Zögern ihr Leben aufs Spiel setzen, sind vielleicht weder einem Ideal treu noch zeigen sie irgendeine Form von Opferbereitschaft. Und wer in der Jugend für einen Moment seine Tapferkeit bewiesen hat, zerbricht später vielleicht unter der schrecklichen Last der Zeit. Dennoch sind Mut und Durchhaltevermögen derart wichtige Eigenschaften (besonders im Vergleich zum Gehabe derer, die nie auf die Probe gestellt wurden), dass es sich lohnt, bei den Menschen, mit denen wir unser künftiges Leben verbringen möchten, nach ihnen zu suchen.

Loyalität

Wir leben in einer Welt, die dem schönen Schein huldigt. Wir werden angezogen von leuchtenden Farben und Menschen, die uns weniger mit ihrer Intelligenz verblüffen als mit einer zur Schau gestellten Schönheit. Wir schenken den eitlen Pfauen viel mehr Beachtung als den Arbeitspferden. Die Kulturikonen, die unsere Magazine, Bildschirme, Leinwände und Sportberichte bevölkern, werden in einem Maße belohnt, das weit über dem liegt, was für erkennbare Beiträge zum Wohlergehen anderer ausgegeben wird. Es ist natürlich, sich nach Zerstreuung zu sehnen, aber der enorme Unterschied zwischen dem, was solche Unterhaltungskünstler verdienen, und dem, was wir beispielsweise Menschen zahlen, die wir mit der Erziehung unserer Kinder beauftragen, zeugt in drastischer Weise von unseren Wertvorstellungen.

Zu beobachten, welche (ungewöhnlichen) Eigenschaften jene Personen an den Tag legen, die wir am meisten bewundern, ist sehr aufschlussreich. Man kann durchaus sagen, dass ein Merkmal in dieser Gruppe wohl am wenigsten auftaucht, nämlich Loyalität. Zunächst einmal erwartet wohl niemand von solchen Leuten, dass sie in ihren Beziehungen so etwas wie Treue oder Dauerhaftigkeit demonstrieren. Ihre Pflicht, uns zu unterhalten, bringt offenbar mit sich, dass sie niemals »außer Dienst« sind und dass ihr Privatleben ständig von Klatschkolumnisten und Paparazzi aufgezeichnet und abgelichtet wird. Der Beitrag, den die Promis in diesem Prozess zu leisten haben, scheint oft darin zu bestehen, sich so exzentrisch wie möglich zu benehmen, sowohl ihre Würde als auch jede Spur von Anstand zu opfern, indem sie Drogen konsumieren, Autos zu Schrott fahren und sich allen erdenklichen Vergnügungen hingeben, sowie eine unfassbare Sorglosigkeit gegenüber ihren Ehepartnern und Kindern an den Tag zu legen. Obwohl sich keineswegs alle Prominenten so verhalten, bleibt der Eindruck, dass Treue und Loyalität unter ihnen weniger verbreitet sind als beim Rest der Bevölkerung. Insofern als wir ihre Leistungen bestaunen und davon träumen, ebenfalls reich und berühmt zu sein, ist kaum vorstellbar, dass das von diesen Leuten gegebene Beispiel keine Maßstäbe für die Kultur als Ganzes setzt.

Die Tage, da wir unsere berufliche Laufbahn in ein und demselben Unternehmen begannen und beendeten, sind lange vorbei. Heute bleiben die Menschen durchschnittlich weniger als fünf Jahre an einem Arbeitsplatz. Im Mittel hält eine Ehe acht Jahre, bis es zur Scheidung kommt. Und selbst nach Anbruch des Recycling-Zeitalters leben wir weiterhin in einer Wegwerfgesellschaft. Die Erde ist übersät mit unserem Elektronikschrott. In einer Gesellschaft, in der das Konzept des immer »Neuen und Besseren« vorherrscht, muten Werte wie Zuverlässigkeit und Hingabe fast altertümlich an.

Bei der Entscheidung, wem und welcher Sache oder Idee wir treu sein möchten, geht es darum, Prioritäten zu setzen. Vor vielen Jahren wurde ich während des Vietnamkrieges unehrenhaft aus der Armee entlassen, weil ich mich gegenüber meinem kommandierenden Offizier illoyal verhalten hatte. In meiner Antwort auf das Leistungszeugnis, welches meine militärische Laufbahn beendete, listete ich meine Prioritäten in aufsteigender Reihenfolge auf: »Ich bin Soldat, Arzt, Bürger der Vereinigten Staaten und ein freier Erdenbürger.« Für mich wogen die drei letztgenannten Aspekte meiner Identität schwerer als der erste. Es war keineswegs überraschend, dass die Armeeführung meinen Standpunkt nicht teilte.

Das Wesen der Loyalität ist die Bereitschaft, ein einmal gegebenes Wort zu halten, aber leider ist uns der Wortbruch sehr viel besser vertraut. Was uns beispielsweise die Politiker erzählen, die gewählt werden wollen, mag sich später als Lüge erweisen, doch bei den »ungültigen Aussagen« und nicht gehaltenen Versprechen handelt es sich meistens schlicht um Erklärungen, die im einen Moment zweckmäßig erscheinen und später wieder verworfen werden. Das ist eine Form von moralischem Relativismus, bei dem die Sehnsucht nach Reichtum und Macht Vorrang hat vor solchen Werten wie Standhaftigkeit oder wahrem Engagement. Tatsächlich kann einem die Loyalität – gegenüber anderen Menschen, Institutionen oder der Wahrheit selbst – wie ein prosaisches Hindernis vorkommen, das der Erfüllung der eigenen Wünsche im Weg steht.

Auf der persönlichen Ebene sind Treue und Verlässlichkeit jedoch unentbehrlich für jene Intimität, die wir alle suchen. Es ist unmöglich, jemandem nah zu sein, auf dessen Wort wir nicht zählen und dessen Versprechen wir keinen Glauben schenken können.

Die Kriterien, anhand deren Treue und Loyalität in jedem Alter zu bestimmen sind, liegen in den Antworten auf eine Reihe direkter Fragen: Sagt diese Person immer die Wahrheit? Ist sie da, wenn man sie braucht? Hält sie ihre Versprechen? Kann man sicher sein, dass sie einem niemals absichtlich wehtun wird? Verhält sie sich so, als wäre man der Mittelpunkt ihres Lebens? Kurzum: Hat man volles Vertrauen zu dieser Person? Und: Ruft sie in einem die mühelose Entschlossenheit hervor, vertrauenswürdig zu sein?

Toleranz

Was die Welt jetzt braucht, mag in der Tat Liebe, süße Liebe sein (wie es in dem bekannten Lied *What the World Needs Now Is Love* von Burt Bacharach und Hal David heißt). Ich persönlich würde mich schon mit ein wenig mehr Toleranz zufriedengeben. In diesen Tagen hat der größte Teil unseres Leidens, unserer Ängste und Bedrohungen mit Menschen zu tun, die davon überzeugt sind, einer Gruppe anzugehören, welche die Wahrheit über die menschliche Existenz für sich gepachtet hat. Und dieser »auserwählte« Status nötigt sie dann, die »Abtrünnigen« zu bekehren oder umzubringen. Einen echten Gläubigen kümmert es nicht, dass die Anschauungen, wie man leben und welche Gottheit man anbeten sollte, weitgehend dem Zufall der Geburt geschuldet sind und abgesehen von einer heiligen Schrift von zweifelhafter Autorschaft keiner Beweise bedürfen. Das ist der sogenannte »Glaube«, und die Konflikte, die er schürt, könnten irgendwann unser aller Tod sein.

Es liegt in der Natur des Menschen, sich in Gruppen zu organisieren. Loyalitäten innerhalb der Familien- und Stammesverbände, die vor Urzeiten dem Überleben dienten, sind zum Fluch geworden in einer schrumpfenden Welt, in der unser Vermögen, den Mitgliedern anderer Verbände tödliche Gewalt zuzufügen, die Fähigkeit, zusammenzuarbeiten und unser Schicksal miteinander zu teilen, zu verdrängen droht – obwohl gerade davon unser Überleben abhängt. Seit mehr als sechzig Jahren besteht die Gefahr einer nuklearen Vernichtung, und noch immer fehlt uns die nötige Vorstellungskraft, um Konflikte friedlich zu lösen. Die primitive, simplifizierte Idee des Bösen ist als politisches und religiöses Gedankengebäude zu uns zurückgekehrt. Die Vorstellung, dass jeder Mensch sowohl zur Großzügigkeit als auch zur Zerstörung fähig ist, trifft diejenigen von uns ziemlich hart, denen es mehr behagt, die Schlechtigkeit den anderen zuzuordnen, während sie sich und Gleichgesinnte zu ihrer grundsätzlichen Güte beglückwünschen.

Intoleranz beruht auf einer Schwarz-Weiß-Sicht der Welt und der Menschen. Diese Haltung wird gefördert durch polare Tendenzen in einer Gesellschaft, die den Wettbewerb ihrer Definition von Erfolg anpasst: hier die Gewinner, dort die Verlierer. Deshalb sind intolerante Leute oft beschränkt – und ihre Gefühle sind zumeist das Resultat mangelnder Bildung. Es ist kein Zufall, dass wir in den Vereinigten Staaten nur zwei große Parteien haben, und dass die Politiker, die sich vor allem damit beschäftigen, den Bürgern mithilfe von Gesetzen oder Ermahnungen vorzuschreiben, wie sie leben sollen, in vielen Fällen zu Engstirnigkeit neigen.

Verwirrend wird es dann, wenn intolerante Menschen den Anschein von Demut erwecken. Es ist unmöglich, demütig und sich zugleich des einzigen Heils gewiss zu sein. Man muss sich also in Acht nehmen vor jenen, die vorgeben, Gottes Willen zu kennen, oder Bestrafung als Mittel zur Ausübung von Kontrolle befürworten. Wer zum Beispiel glaubt, es sei völlig legitim, Kinder zu schlagen, handelt einfach aus der Überzeugung, dass wir alle mit einer Reihe von Trieben und Wünschen geboren werden, die uns selbstsüchtig machen, und dass wir von früher Kindheit an diszipliniert werden müssen, um uns korrekt zu benehmen. (Dabei tritt die Heuchelei hinter den Bemühungen, die eigenen inakzeptablen Triebe zu kontrollieren, oft deutlich zutage und hat manchmal sogar etwas Komisches.)

Amerikaner leben in einer Gesellschaft, die mehr Bürger inhaftiert als jede andere. (Nach der letzten Erhebung sind es zwei Millionen.) Bei uns sind mehr Waffen im Umlauf als in irgendeinem anderen Land. Die Mehrheit der Bevölkerung befürwortet nach wie vor die Todesstrafe. Entdeckt man hier nicht ein bestimmtes Denk- und Verhaltensmuster?

Ein entscheidendes Merkmal der Intoleranz ist die Annahme, dass auf jene, die nicht mit uns übereinstimmen, Zwang und Gewalt ausgeübt werden sollten. Es liegt eine gewisse Ironie darin, dass gerade Leute, die sich gegen jede Einmischung des Staates in das Privatleben der Bürger aussprechen, gleichzeitig der Ansicht sind, ihre eigene Weltanschauung müsse kodifiziert und als allgemeingültiges Gesetz statuiert werden. Einer der wesentlichen Grundsätze einer demokratischen Gesellschaft ist das Recht, von anderen in Ruhe gelassen zu werden. Doch auf der persönlichen Ebene sind intolerante Menschen schnell bei der Hand, Urteile zu fällen und jene zu verachten, die abweichende Ansichten vertreten. In der Regel sind sie strenge und unnachgiebige Eltern. Von ihrer Rechtschaffenheit überzeugt fühlen sie sich eher Ideen als Personen verbunden.

Tolerante Menschen hingegen sind vorsichtiger in ihrem Urteil, besonders im Hinblick auf ein Verhalten, das anderen nicht schadet – ungeachtet dessen, was die Bibel oder der Koran darüber mitteilt. (Einer meiner Lieblingscartoons zeigt einen Taliban, der zum anderen sagt: »Genehmigt, richtige Musik ist tabu, aber wie weit sind wir mit dem Thema Luftgitarre?«) Empathie, die Fähigkeit, sich in ein Gegenüber hineinzuversetzen, ist ebenso ein zentraler Bestandteil der Toleranz wie die Fähigkeit, denen zu verzeihen, die uns wehgetan haben. Tolerant sein heißt, davon auszugehen, dass Gerechtigkeit von Mitgefühl durchdrungen sein muss und dass Rachegefühle, auch wenn sie kurzzeitig Befriedigung bringen, weder in der Außenpolitik noch in zwischenmenschlichen Beziehungen angebracht sind.

Darüber hinaus verstehen sich tolerante Menschen oft besser auf die schwierigste Form der Vergebung – eben jene, die wir an uns selbst üben müssen, wenn wir so etwas wie ein glückliches Leben führen möchten. Wir alle sind fehlbar, und falls wir begangene Fehler nicht innerlich loslassen können, belasten wir unsere Zukunft mit Reue. Aus diesem Grund ist Toleranz eng verbunden mit Optimismus. Wer darin geübt ist, sich und anderen zu verzeihen, hegt keinen Groll. Er reist mit leichtem Gepäck, unbeschwert von Hass oder Bedauern, und akzeptiert die Unterschiede zwischen Menschen, die das Leben zum unerschöpflichen Wunder machen.

Aufrichtigkeit

Die Fähigkeit, einem Menschen zu vertrauen, erweist sich als grundlegende Voraussetzung für eine dauerhafte Beziehung. Es braucht Zeit, um zu der festen Überzeugung zu gelangen, dass der oder die andere vertrauenswürdig ist. Das ist auch der Grund, warum Liebeleien nur selten zu langjährigen Ehen führen. Das Engagement beruht auf Ehrlichkeit, weshalb man sein Leben nicht mit dem einer Person verbinden sollte, die zur Lüge neigt. Allerdings fallen einige Lügen mehr ins Gewicht als andere. Taktvolle Unwahrheiten über Frisuren und Kleider haben eindeutig nicht die gleiche Bedeutung wie falsche Aussagen über Gefühle oder Treue.

Die Frage, ob man sich auf das Wort des oder der anderen verlassen kann, trifft ins Mark jeder Beziehung. Frühe Anzeichen dafür, dass dies problematisch sein mag, sollten genau beachtet werden. Mehr als jede andere Eigenschaft gewährt die Aufrichtigkeit, also die Integrität, Einblick in die Seele eines Menschen. Da fast jeder von uns den Unterschied zwischen Wahrheit und Lüge kennt, ist die Entscheidung für Letztere ein absichtliches Versagen, das uns, wenn wir es übersehen, in große Gefahr bringt.

Von Ärzten wird gewöhnlich ein höheres Maß an Integrität erwartet, weil ihre Diagnosen und Behandlungsmethoden für das Wohlergehen der Patienten sehr wichtig sein können. Doch was geschieht, wenn der Patient, den Sie medizinisch versorgen, ein verwundeter Kriegsgefangener ist, dem Ihr kommandierender Offizier gewisse Informationen entlocken will? Dadurch entsteht ein Loyalitätskonflikt, nicht wahr? Wenigstens in meinem Fall war das so.

Und was ist mit den Versprechen in unserem Hochzeitsgelübde? Wie verbindlich sind sie, wenn die Partner sich im Laufe der Jahre ändern, sich manchmal sogar in jemand anderen verlieben? Nach den gegenwärtigen gesellschaftlichen Konventionen zu urteilen, ist der Ehevertrag nicht in dem Maße durchsetzbar wie etwa die Kreditvereinbarungen für unser Auto. (Ein weiterer Cartoon zeigt einen Ehemann, der zu seiner Frau sagt: »Ich bin sicher, dass die Formel ›Bis dass der Tod euch scheidet‹ nur eine grobe Schätzung war.«)

Wir sind seit jeher um des Profits oder der Macht willen getäuscht worden. Und wer von uns hat nicht schon gelogen, wenn es den eigenen Zwecken diente? Warum also sollten wir überrascht sein, wenn andere uns zum Narren halten? Obwohl Skepsis durchaus nützlich sein mag, ist die zynische Überzeugung, dass wir niemandem trauen können, keine anpassungsfähige (oder anziehende) Eigenschaft. Folglich kommt es darauf an, dass wir von den Menschen, mit denen wir eine Freundschaft oder gar eine Ehe in Betracht ziehen, Ehrlichkeit erwarten können.

Öffentliche Lügen untergraben das Vertrauen, das ein friedliches Zusammenleben möglich macht. Wir müssen uns darauf verlassen können, dass die Nachrichten zutreffend und die politischen Führungskräfte uns gegenüber aufrichtig sind. Davon hängt die Funktionstüchtigkeit unserer Gesellschaft ab. Man stelle sich nur einmal vor, wie das Autofahren wäre, wenn wir nicht darauf vertrauen könnten, dass die anderen Verkehrsteilnehmer vor einer roten Ampel anhalten und die richtige Straßenseite benutzen. Ohne gegenseitiges Vertrauen kämen übereinstimmende Beschlüsse der Regierung und vollstreckbare Gesetze überhaupt nicht zustande. Sobald eine der wichtigen Institutionen, allen voran die Regierung, Lügen verbreitet, wird unsere Fähigkeit, einander zu vertrauen, langsam aber sicher ausgehöhlt. Wie bei der »unbequemen Wahrheit« über die globale Erwärmung kann es sein, dass wir am Ende in einer Flut des Zynismus und des Argwohns ertrinken.

Wir alle haben Beispiele parat, welche die Gefahren der Lüge, des Betrugs und des Diebstahls in unserem eigenen Leben veranschaulichen. Jeder Weg der Heilung, einschließlich der Psychotherapie, betont die Bedeutung der Ehrlichkeit uns selbst und anderen gegenüber. Wir können auf Dauer nicht glücklich mit Menschen zusammenleben, die unseres Vertrauens nicht würdig sind.

Falls Sie die Hoffnung hegen, dass die kommende Generation eine stärker von Ehrlichkeit geprägte Gesellschaft aufbauen wird, habe ich schlechte Nachrichten für Sie. Eine vom *Josephson Institute of Ethics* in Los Angeles unter sechsunddreißigtausend amerikanischen Oberschülern durchgeführte Umfrage führte zu entmutigenden Ergebnissen:

- 60 Prozent der Schüler berichteten, dass sie im Laufe des vergangenen Schuljahres bei einem schriftlichen Test gemogelt hatten.

- 42 Prozent glaubten, dass man bisweilen lügen oder betrügen muss, um voranzukommen.
- 28 Prozent gaben zu, im letzten Jahr einen Ladendiebstahl begangen zu haben.

Und vielleicht stehen die Dinge noch schlechter, als diese Resultate es nahelegen, denn 27 Prozent gaben an, sie hätten mindestens eine unwahre Antwort auf die gestellten Fragen gegeben.

Es fällt uns leichter, anderen gegenüber ehrlich zu sein, wenn wir gewohnt sind, uns selbst nicht zu belügen. Wahrheitsliebe und Wirklichkeitssinn schließen sich keineswegs aus. Wenn wir unsere Stärken und Schwächen realistisch und zugleich wohlwollend betrachten, werden wir eher bereit sein, mit den Menschen in unserer Umgebung offen umzugehen. Das ist eine Gewohnheit, die zu entwickeln sich lohnt, und wie die Versöhnlichkeit ist sie ein Geschenk, das wir uns selbst machen.

Schönheit

Schönheit ist Ewigkeit,
die sich selbst im Spiegel betrachtet.
Aber ihr seid die Ewigkeit,
und ihr seid der Spiegel.

KHALIL GIBRAN

Es scheint verblüffend, dass eine so subjektive Qualität wie die Schönheit in unserer Zeit derart eng definiert wird: ein Gesicht mit einer bestimmten Symmetrie, ein Körper von bestimmter Gestalt. So wenige von uns entsprechen dem vorgegebenen Ideal, so wenige fühlen sich – egal wie es in ihrer Seele aussieht – schön in den Augen der anderen. Schönheit wird zu einer zufälligen Tugend, zum Resultat guter Gene, und das ist schon fast alles.

Doch ähnlich wie Intelligenz bringt sich auch Schönheit auf vielerlei Weise zum Ausdruck, und zwar unabhängig von der körperlichen Erscheinung. Menschen können im spirituellen, im intellektuellen, im zwischenmenschlichen, im künstlerischen und im emotionalen Bereich sowohl Hässlichkeit und Reizlosigkeit als auch erlesene Schönheit an den Tag legen. Um diese Qualitäten schätzen zu können, braucht es aber mehr als einen flüchtigen Blick. In den Vorlesungsverzeichnissen der Hochschulen findet man oft Kurse über »Kunstverständnis« oder »Musiktheorie«. Sie versprechen nicht, dass man künstlerisch geschickter wird oder lernt, ein Musikinstrument zu spielen, sondern, dass man danach besser unterscheiden kann, welche Qualitäten ein Gemälde oder eine Komposition über die anderen hinausheben. Abgesehen davon, dass hier auch Geschmacksfragen eine Rolle spielen, geht man doch davon aus, dass es allgemeine Regeln dafür gibt, was als »Kunst« eingestuft werden kann – als ein Werk, das mehr oder weniger bleibenden Wert hat. (An dieser Stelle merke ich an, dass man auch die heutigen Popmusiker, einschließlich der wüstesten Rapper, ohne jede Ironie als »Künstler« bezeichnet.)

Wir alle begreifen, dass körperliche Schönheit vergänglich ist. »Wenn wir älter werden, wandert die Schönheit nach innen«, sagte Emerson und meinte damit: Gewisse Charaktereigenschaften ersetzen jenes gute Bindegewebe, das nur die Jungen besitzen. Solche Attribute sind – zum großen Vorteil derer, die weise genug sind, sie zu schätzen – meist schon in frühen Jahren erkennbar, spätestens jedoch gegen Ende der Pubertät. Für die meisten von uns besteht das Problem jedoch darin, dass wir zu unsensibel (oder uninformiert) sind, um sie wahrzunehmen, zumal wir durch unsere hormonal gesteuerten Triebe sowie unsere einseitige, von der oberflächlichen Kultur noch verstärkte Betonung körperlicher Attraktivität gewissermaßen blind und taub gemacht werden.

Genauso wie einem ausgehungerten Menschen jeder Bissen wunderbar schmeckt, bestimmen unsere stärksten Bedürfnisse, zu wem oder was wir uns hingezogen fühlen. Wenn wir die Bewunderung der anderen brauchen (und wer wäre darauf nicht versessen?) und Mühe haben, uns selbst anzunehmen, werden wir unser Gefühl für das, was attraktiv ist, wahrscheinlich an der kulturellen Norm ausrichten. Dabei übersehen wir vielleicht, dass die allgemein als »schön« bezeichneten Leute häufig in einer Weise behandelt werden, welche die Entwicklung anderer, dauerhafterer Eigenschaften beeinträchtigt.

Schließlich müssen wir erkennen, dass die Schönheit im Schnittpunkt jener beiden großen Sehnsüchte liegt, die unser Leben beherrschen: Liebe und Glück. Die fehlerhaften Urteile, zu denen wir neigen, hängen zusammen mit unserer unterentwickelten Fähigkeit, genau einzuschätzen, wer die Fähigkeit und den Wunsch hat, uns zu lieben, und ähnliche Gefühle in uns wachruft. Außerdem wird Glück häufig mit Vergnügen verwechselt. Doch wann immer man definiert, was dauerhafte Erfüllung eigentlich bedeutet, mangelt es Letzterem an der wesentlichen Komponente des Sinns oder der Bedeutung für das eigene Leben.

Wir sind genetisch darauf programmiert, nach dem zu suchen, was uns stimuliert. Das ist notwendig, um als Spezies zu überleben. Also fühlen wir uns zu gewissen Personen hingezogen, die ein entsprechendes Verlangen in uns erwecken. In vielerlei Weise sind unsere Reaktionen auf andere sowohl automatisch als auch kulturell bedingt. Wir neigen beispielsweise dazu, uns immer auf die gleichen Erscheinungsformen körperlicher Attraktivität zu konzentrieren. In dieser Hinsicht sind wir Gefangene unserer Sinne und daher anfällig für Fehler, weil unklar ist, was wir wollen und brauchen. Ob wir imstande sind, mit unserem Geist und mit unserem Herz klar zu sehen, hängt ganz davon ab, ob wir gelernt haben, was wir wirklich brauchen.

Dieser Lernprozess wird dadurch erschwert, dass uns bestimmte Geschichten – unsere kulturellen Mythen darüber, was es heißt, tüchtig, stark, klug und heldenhaft zu sein – von Schauspielern erzählt werden, von Leuten also, die uns die beschränkten, aber anerkannten Standards körperlicher Schönheit vor Augen führen. Allzu oft vergessen wir dann, dass sie Worte sprechen und Gefühle zum Ausdruck bringen, die andere für sie formuliert und beschrieben haben. (Warum werden in populären Magazinen fast nie Fotos von der Verleihung eines Literaturpreises verbreitet?) Kein Wunder also, dass so große Verwirrung darüber herrscht, auf welche Weise man Eigenschaften wie Intelligenz oder Empathie erkennt und von oberflächlichen Merkmalen unterscheidet, die sich mit der Zeit abnutzen.

Unter diesem Mangel an Urteilskraft leiden wir zutiefst. Als Betrachter sind wir der Aufgabe, das Gold vom Tand zu trennen, nicht gewachsen. Im Grunde wurden wir darauf trainiert, uns des Unterschieds zwischen Schein und Wirklichkeit überhaupt nicht bewusst zu sein. Diese Unfähigkeit können wir jedoch überwinden, indem wir durch Erfahrung lernen, dass die Augen uns tatsächlich täuschen und dass sie unzuverlässige Führer sind auf der Reise zu dem, was wir suchen. Der große Trugschluss besteht nicht nur darin, dass wir uns den gesellschaftlichen Konsens über die Schönheit gedankenlos zu eigen machen. Wir versäumen auch, unsere eigenen Wünsche schonungslos unter die Lupe zu nehmen, um herauszufinden, welche davon hohl und flüchtig und welche es wert sind, ihnen ein ganzes Leben lang nachzugehen.

Die Dringlichkeit, die wir mit der Sexualität verbinden, hat allerlei schreckliche Entscheidungen zur Folge. Wie viele menschliche Tragödien sind das Resultat sexueller Nötigung? Jeden Tag hören wir, dass Verbrechen begangen, Karrieren ruiniert und Kinder geschädigt wurden von denjenigen, die ihre Triebe nicht zügeln können oder wollen. Woher kommt diese Achtlosigkeit, diese Verzweiflung? Wie kann der Wunsch, andere zu beherrschen und zu besitzen, so mächtig werden, dass Menschen sich selbst und die ihnen Nahestehenden zugrunde richten, um dieses Bedürfnis zu stillen?

Und wo ist die Schönheit in all dem? Wenn Menschen von einer gemeinsamen Kombination aus Bedürfnissen und Sehnsüchten zusammengeführt werden, wie erklären wir uns dann die Tatsache, dass unsere Entscheidungen auf lange Sicht oft so unbefriedigend sind? Manche glauben, jedes scheinbar noch so selbstlose Verhalten beruhe auf Eigennutz. Großzügigkeit, zumal wenn sie öffentlich gemacht wird, ist potenziell eigennützig. Nur einige, die für gute Zwecke spenden, tun dies anonym. Ein großer Teil des Geldes, das von privater Seite für die Ärmsten der Gesellschaft gesammelt wird, stammt aus aufwendigen Veranstaltungen, die nicht zuletzt den Reichtum der Stifter zur Schau stellen. Macht sie das weniger großzügig, sind sie dadurch weniger am Wohl der Allgemeinheit interessiert? Vielleicht nicht.

Diese Mischung aus Reichtum, Schönheit und Wohltätigkeit verwirrt diejenigen umso mehr, die vor der prosaischeren Aufgabe stehen zu entscheiden, zu wem sie sich eigentlich hingezogen fühlen. Wenn auf die Lust nach dem perfekten Gesicht und der idealen Figur kein Verlass ist, welche Maßstäbe können wir dann anlegen bei der Wahl des Menschen, mit dem wir nicht nur schlafen, sondern neben dem wir auch aufwachen wollen, und zwar für den Rest unseres Lebens? Ich behaupte, dass wir einander genau betrachten beziehungsweise fragen müssen: Fühle ich mich schön in Gegenwart dieses Menschen? Lautet die Antwort »Ja« (und zwar gerade dann, wenn jeder verfügbare Spiegel das Gegenteil sagt), ist wahrscheinlich noch etwas anderes im Spiel als Selbsttäuschung.

Diese Frage kann übrigens auf jede der Tugenden angewandt werden, die wir bei anderen suchen. Den besten Hinweis darauf, dass unsere Suche beendet ist, haben wir, wenn wir stärker als zuvor die Neigung verspüren, ebenfalls solche Eigenschaften zum Ausdruck zu bringen. Darin verbirgt sich eine Erklärung für die alte Redensart: *Gleich und Gleich gesellt sich gern* (und eine Widerlegung des ebenso wohlbekannten Spruchs: *Gegensätze ziehen sich an.*) Es ist nicht nur so, dass wir unser Leben mit Menschen verbringen, die einen ähnlichen sozialen, wirtschaftlichen und beruflichen Hintergrund haben und uns deshalb zu denen hingezogen fühlen, die weitgehend mit uns übereinstimmen. Wir werden auch immer mehr wie sie, wenn wir mit ihnen zusammen sind. Wie Soldaten, die neben mutigen Kameraden tapferer werden können, teilen Paare nach Jahren gemeinsamen Lebens häufig emotionale und manchmal sogar physische Eigenschaften. Das ist vielleicht das beste Argument dafür, sich den Menschen als Partner zu wählen, der man selbst werden möchte.

Humor

Unsere wirksamste Waffe gegen die Angst vor dem Tod ist die Fähigkeit zu lachen. Gleichzeitig ist dies eines unserer verlässlichsten Mittel, um Menschen anzuziehen, während wir versuchen, die misslichen Situationen zu bewältigen, in die wir alle irgendwann geraten.

Ein Mann wacht mitten in der Nacht auf und merkt, dass seine Frau nicht mehr atmet. Er greift zum Telefon, ruft den Notdienst an und schildert der Frau in der Einsatzzentrale das Problem.

»Wo wohnen Sie?«, fragt sie.

»714 Eucalyptus Street.«

»Können Sie das buchstabieren?«

Kurze Pause. Dann sagt der Mann: »Wie wär's, wenn ich sie in die Oak Street bringe und Sie holen sie dort ab?«

Ein Alleinunterhalter sagt: »Ich möchte friedlich im Schlaf sterben, so wie mein Großvater, und mir nicht die Lunge aus dem Leib schreien wie die Leute, die in seinem Auto saßen.«

Ein Mann und eine Frau machen eine Paartherapie.

Er: »Eine Sache stört mich. Du sagst mir nie, wann du einen Orgasmus hast.«

Sie: »Meistens bist du ja nicht da.«

Diese drei Geschichten offenbaren einige wichtige Wahrheiten über den Humor:

1. In der Kürze liegt die Würze. Ein guter Witz ist in nicht mehr als zwanzig Sekunden erzählt. Was darüber hinausgeht, ist eine langatmige, nicht sonderlich komische Geschichte.
2. Vertraute Situationen bilden den besten Hintergrund.
3. Kein Thema ist tabu. Man kann über alles lachen. Komiker Colin Quinn über das Phänomen der Selbstmordattentäterinnen: »Wenn es Kerle sind, kriegen die nach ihrem Tod zweiundsiebzig Jungfrauen. Aber was kriegen die Frauen? Zweiundsiebzig Kerle, die bereitwillig über Beziehungen diskutieren und mit ihnen den Modekatalog von J. Crew durchschauen?«
4. Extrapunkte gibt es für Witze, die auf eigene Kosten gehen. (Patientin: »Oh Doktor, küssen Sie mich, bitte!« Psychiater: »Das wäre unmoralisch. Eigentlich sollte ich noch nicht einmal mit Ihnen hier auf der Couch liegen.«)
5. Witze sollten nicht gemein sein (es sei denn, sie sind wirklich lustig). (Frage: Was ist schwarz und braun und sieht an einem Rechtsanwalt gut aus? Antwort: Ein Dobermann.)

Offenbar haben Menschen unterschiedliche Vorstellungen von Humor. Einige bevorzugen Sarkasmus, andere haben eine (mir unerklärliche) Vorliebe für Wortspiele. Wieder andere mögen schier endlose Erzählungen von berühmten Leuten, Genies und geheimen Wünschen oder Geschichten, die zweideutige Anspielungen enthalten. So wie sich jeder für einen guten Fahrer hält, behauptet auch jeder, einen ausgeprägten Sinn für Humor zu haben. Was oft fehlt, ist ein Verständnis für die Absurdität des Lebens: die Voraussetzung dafür, dass man darüber lachen kann. Damit Beziehungen lange halten, sollten beide Partner einen ähnlichen Sinn für Humor haben. Wenn alles Mögliche misslingt, bindet die Fähigkeit, sich gegenseitig zum Lachen zu bringen, Menschen aneinander. Dazu ein Beispiel.

Vor vielen Jahren, als ich gerade vom Militärdienst in Vietnam zurückgekehrt war – desillusioniert angesichts dessen, was ich dort erlebt hatte –, begann ich, mich klar und deutlich gegen diesen Krieg auszusprechen. Da wurde ich zu einer Podiumsdiskussion mit Veteranen in der *Parkville High School* in Baltimore County eingeladen. Es waren streitsüchtige Zeiten, und als ich meinen Vortrag beendet hatte, buhten die anwesenden Schüler mich laut aus. Sechsunddreißig schnell vergangene Jahre später erhielt ich eine Einladung, am *Parkville Senior Center* über die Probleme des Alterns zu sprechen. Als ich meiner Frau von der lange zurückliegenden Erfahrung an jener High School berichtete, sagte sie: »Großartig. Wahrscheinlich sind dieselben Leute wieder da. Da können sie dich ja noch einmal ausbuhen.«

Völlige Humorlosigkeit ist höchst aufschlussreich – und unheilvoll. Äußerst obsessiven Menschen mangelt es an der Bereitschaft, sich in der Weise überraschen zu lassen, wie der Humor es erfordert. Depressive oder stark gehemmte Menschen haben Mühe, so weit aus sich herauszugehen, dass sie überhaupt lachen können. Narzisstische, soziopathische und theatralische Menschen sind oft klug genug, einen Sinn für Humor vorzutäuschen, aber dabei mangelt es ihnen häufig an Überzeugungskraft und Natürlichkeit. In Wahrheit besitzt man Sinn für Humor nicht. Er ergreift vielmehr Besitz von einem. Angesichts des tragischen Ausgangs der individuellen menschlichen Erfahrung ist jeder Humor Galgenhumor: Lachen angesichts der drohenden Niederlage. In diesem Sinne setzt die Fähigkeit zum Lachen Mut voraus. Oder, um es mit den Worten Mark Twains zu sagen: »Humor verdankt sich eher der Trauer als der Freude.«

Wenn ich an meine vor vielen Jahren absolvierte Ausbildung an der *Army Ranger School* zurückdenke, erinnere ich mich vor allem an den extremen Druck, die körperliche Erschöpfung und die Angst, die wir nie zeigen durften, obwohl sie uns manchmal fast überwältigte. In einer kalten Nacht durchwatete unser Stoßtrupp einen Sumpf irgendwo im nördlichen Florida. Wir standen bis zur Brust im Morast und kamen nur langsam voran, während unsere Münder ausgetrocknet waren und Visionen von Alligatoren durch unsere Köpfe blitzten. Mein Ausbilder wandte sich mir zu und flüsterte: »Bist du sicher, dass dies der kürzeste Weg nach Orlando ist?«

Flexibilität

Das Leben konfrontiert uns ständig mit Überraschungen, von denen viele unangenehm sind. Menschen, die gern planen und eine gewisse Strenge an den Tag legen, kommen in der Regel mit Veränderungen nicht gut zurecht. Wir alle kennen diejenigen, die durch unerwartete Ereignisse leicht aus der Bahn geworfen werden. Diese Eigenschaft geht häufig einher mit großer Ungeduld und Reizbarkeit. In gewisser Hinsicht mag ein Mangel an Flexibilität als relativ unbedeutender Fehler betrachtet werden, außer dass er deutlich Aufschluss darüber gibt, wie es um Werte wie Optimismus und Toleranz bestellt ist. Zudem kann er bei den uns nahestehenden Menschen innere Spannungen hervorrufen.

Wenn an dem Spruch »Erstens kommt es anders und zweitens, als man denkt« tatsächlich etwas dran ist, sollten wir Mittel und Wege finden, um mit dem Unvorhergesehenen fertig zu werden. An Flughäfen kann man gut beobachten, wie Leute mit plötzlichen Änderungen umgehen. Wer schon einmal miterlebt hat, wie irgendein verärgerter Passagier einem duldsamen Angestellten des Bodenpersonals rechtliche Schritte androhte, kann über den Starrsinn und das Anspruchsdenken einiger Zeitgenossen nur staunen. Ich entferne mich von solchen Minidramen immer mit der Frage, wie der Betreffende wohl auf wirklich schlechte Nachrichten reagieren würde.

Diese Unnachgiebigkeit gleichsam in Aktion zu sehen, macht uns mit einer Reihe unerwünschter Charaktermerkmale vertraut: mit der Unbeherrschtheit, einer unangenehmen Neigung, andere zu schikanieren und zu tyrannisieren, einem aufgeblähten Ego sowie einem Mangel an Einfühlungsvermögen gegenüber Menschen, die nur versuchen, möglichst gut ihre Arbeit zu machen. Wenn das Hotel, in dem Sie eintreffen, Ihre Reservierung nicht vorliegen hat, wird es schwer sein, eine bestimmte Person für diesen Fehler verantwortlich zu machen. Wahrscheinlich ist er nicht beim Empfangschef zu suchen, den Sie jetzt beschimpfen. Wenn Ihr Steak nicht so durchgebraten ist, wie Sie es gern hätten, dann lassen Sie es eben zurückgehen, aber ohne die Bedienung zu beleidigen. Das ist völlig unnötig. Und wenn der Mensch, mit dem Sie zusammenleben, dazu neigt, sich in vergleichbaren Situationen ähnlich zu verhalten, dann stellen Sie sich nur vor, wie er im Laufe einer langen Ehe mit *Ihren* Fehlern und Schwächen umgehen wird.

Wir wollen, dass unser Partner die Dinge fest im Griff hat. In Wirklichkeit passiert aber nur selten genau das, was geplant wurde. Gegenstände gehen verloren oder zu Bruch, die Kinder finden heraus, wie sie uns frustrieren können. Die Art und Weise, wie wir auf solche Situationen reagieren, sagt eine Menge über uns aus (ganz zu schweigen von der positiven Wirkung, die ein angemessenes Verhalten auf die sich entwickelnde Selbstachtung unserer Kinder hat). Niemand möchte ein Mensch sein, mit dem man es kaum aushält. Unsere Fähigkeit, flexibel zu sein, hat viel damit zu tun, wie wir in einer Welt, die uns immer wieder Enttäuschungen beschert, von anderen gesehen werden.

Intelligenz

Die meisten Menschen schätzen ihre Intelligenz ziemlich hoch ein – manche würden sogar sagen zu hoch. Wenn in dem fiktiven Ort Lake Wobegon, den der amerikanische Schriftsteller und Radiomoderator Garrison Keillor ersann und berühmt machte, sämtliche Kinder »überdurchschnittlich« sind, wo bleiben dann – fragt man sich – jene, die unter dem Durchschnitt liegen? Wie klug muss unser idealer Partner sein? Wir alle wissen, dass manche Ehen ungeachtet der Klassen- und Altersunterschiede oder des jeweiligen Bildungsniveaus geschlossen werden. Wer möchte behaupten, die Liebe überwinde solche Disparitäten nicht? Dennoch haben die Erfordernisse der ehelichen Kommunikation offenbar zur Folge, dass Akademiker nur selten mit Abgängern der Grund- oder Realschule zusammenleben.

So viele Dinge bringen und halten Menschen zusammen, dass jeder offensichtliche Unterschied – etwa in Hautfarbe oder Religion – die Frage aufwirft, wie diese Leute auf Dauer Übereinstimmung erzielen wollen. Groß ist die Zahl derer, die genügend Reife zeigen, um solche Ungleichheiten zu überwinden, aber wie zuvor festgestellt wählen die meisten von uns Personen mit einer sehr ähnlichen Vorgeschichte als Partner.

Allmählich erkennen wir, dass Intelligenz – weit davon entfernt, eine leicht bestimmbare Zahl gemäß dem IQ-Test zu sein – viele Formen annimmt. Neben der sogenannten kognitiven Intelligenz besitzen wir unter anderem emotionale, künstlerische, körperliche, verbale, musikalische und mathematische Talente, die ebenfalls messbar sind. Doch wenn es darum geht, ob zwei Menschen zusammenpassen, erscheint die Fähigkeit, die Welt aufgrund ähnlicher Methoden und Kompetenzen erfassen und darüber sprechen zu können, besonders wichtig.

Wer dazu neigt, über sein Leben nachzugrübeln, wird vor allem den Wunsch haben, diesbezügliche Fragen mit einem Menschen zu besprechen, der – auch wenn er nicht immer der gleichen Meinung ist – seinen Teil zur philosophischen oder politischen Diskussion beitragen kann. Wer es dagegen schafft, solche Probleme zu ignorieren, wird wohl auch nicht darüber reden wollen. Tatsächlich kann man (zumindest aufgrund des Inhalts der meisten zufällig mitgehörten Handygespräche) behaupten, dass die meisten Menschen eher mit den kleinen alltäglichen Dingen beschäftigt sind, als Themen von größerer Bedeutung zu erörtern.

Trotzdem haben wir, wie sehr wir uns auch zerstreuen, das Bedürfnis nach einer Tätigkeit, die uns ausfüllt, und nach einem Menschen, den wir lieben und der uns liebt. Und je älter wir werden, desto dringlicher wird die Aufgabe, eine solche Tätigkeit und einen solchen Menschen zu finden. Ungeachtet der übrigen Angelegenheiten, auf die wir uns zu konzentrieren versuchen, sind wir gezwungen, uns erneut dem zuzuwenden, was man als Sinnsuche bezeichnen könnte. Sobald jene Gefühle, die mit sexueller Anziehung oder sozialem Status zu tun haben, in den

Hintergrund treten, wird uns bewusst, dass wir mehr Zeit im Gespräch mit unserem Ehepartner verbringen als mit jeder anderen gemeinsamen Aktivität. Genau an dieser Stelle kommt die Intelligenz ins Spiel. Es ist schwierig, sich fortwährend mit jemandem zu unterhalten, dessen Interessen radikal von den eigenen abweichen.

Die übliche Annahme lautet: Es ist geschlechtsspezifisch, dass Männer schlechter zuhören können. Wir wissen aber auch alle, dass unsere Neigung, irgendeiner Sache Aufmerksamkeit zu schenken, vom persönlichen Interesse an dem jeweils erörterten Thema abhängt. Hier haben wir zweifellos ein zusätzliches Argument für die Bedeutung einer ähnlich gearteten Intelligenz bei Paaren, die weiterhin in der Lage sein möchten, den Dialog miteinander zu pflegen. Die meisten Ehepartner berichten, dass sie mit der Zeit häufiger aus Gesprächen »aussteigen«. Die Antwort auf die Frage, ob jenes Schweigen wohltuend ist oder einfach ein Zeichen von Langeweile, lässt wichtige Rückschlüsse auf die Dauerhaftigkeit der Beziehung zu.

Intelligenz wird hier also nicht deshalb als tugendhafte Eigenschaft aufgeführt, weil kluge Leute größere Erfolge in der Ehe vorzuweisen hätten. Sie ist einfach nur ein weiterer Bereich, in dem einander ähnliche Menschen bessere Chancen auf gemeinsames Glück haben, weil sie mehr miteinander teilen können und die Fähigkeit besitzen, über Themen zu kommunizieren, die beide reizvoll, erheiternd oder sonstwie interessant finden. Und falls das Schweigen sich ihrer bemächtigt, ist es nicht feindselig, verzweifelt oder die Folge einer Entfremdung. Unser Bedürfnis, angehört, verstanden und geschätzt zu werden, ist so stark, dass wir all dies entweder bekommen oder es anderswo suchen müssen. Wenn ich Geschichten über Untreue höre, ist die treibende Kraft dahinter normalerweise nicht der neue, aufregende Sex.

DRITTER TEIL

Nicht die Antwort ist erhellend,
sondern die Frage

Die gefährlichste Speise ist die Hochzeitstorte

Der lange Prozess, in dem wir allmählich herausfinden, warum wir uns oft zu Menschen hingezogen fühlen, die uns nicht gut tun, führt uns zu dem Schluss, dass hier eine tiefere Kraft am Werk ist, dass irgendein Gesetz des Lebens uns dazu veranlasst, etwas zu wollen, das wir eigentlich nicht wollen. Zunächst mag man dies als eine Art Lernproblem auffassen. Wie können wir, noch nicht einmal imstande, das eigene künftige Verhalten mit Sicherheit vorherzusagen, erwarten, dass die in jüngeren Jahren getroffenen Entscheidungen uns auch noch in der Mitte des Lebens befriedigen? Ein großer Teil dieses Buches galt dem Bemühen, die Fähigkeit zur richtigen Entscheidung zu verbessern, indem jene Charaktereigenschaften betrachtet wurden, die wahrscheinlich fortbestehen und uns entweder unermessliche Freuden oder endloses Leid bescheren.

Dennoch müssen wir uns eingestehen, dass wir regelmäßig Vergnügen mit Glück verwechseln und folglich von Personen und Aktivitäten angezogen werden, die uns eher Ersteres als Letzteres gewähren. Dieser Hang wird bisweilen als »Hedonismus« bezeichnet. Die Spannungen, die er zwischen kurzfristiger und langfristiger Befriedigung erzeugt, bilden eines der ständig wiederkehrenden Themen menschlichen Verhaltens.

In seiner einfachsten Form ist Drogenmissbrauch ein Musterbeispiel für die Gefahren unmittelbarer Befriedigung. Niemand, der Drogen ausprobiert hat, kann bestreiten, dass sie kurzzeitig angenehme Gefühle hervorrufen, welche die meisten von uns gern noch einmal empfinden würden. Gleichzeitig aber ist fast jedem klar, dass anhaltender Drogenkonsum unerwünschte, entwürdigende und selbstzerstörerische Folgen hat, aufgrund deren wir unsere Aufgaben nicht mehr erfüllen können und das genaue Gegenteil jenes Vergnügens erreichen, das wir zu reproduzieren versuchen. Wir mögen dies als »Sucht« bezeichnen und eine Krankheit daraus machen, um das Stigma abzuschwächen und die Behandlung zu erleichtern, müssen jedoch zugeben, dass der Drogenmissbrauch Ausdruck eines umfassenderen Paradoxes ist: *Das unbekümmerte Streben nach Vergnügen verursacht Schmerzen*.

Und dies trifft auch auf Beziehungen zu. Qualitäten, die im einen Lebensstadium äußerst wichtig scheinen, wie körperliche Attraktivität, das Versprechen auf freudige Erregung, sozialer Status, bestehen gewöhnlich nicht auf unbestimmte Zeit fort. Andere Eigenschaften wiederum überdauern zwar, mögen aber auf lange Sicht weniger reizvoll sein und eher Ernüchterung oder Verwirrung bewirken. Da wir ständig mit Bildern von Jugend und Schönheit bombardiert werden, geraten wir leicht durcheinander, was den Wert beständiger Eigenschaften angeht. Nur wenige Magazine oder Fernsehsendungen widmen sich den Geschichten von Leuten, die konstruktive Arbeit leisten oder ein Leben in Treue und Entschlossenheit führen. Sie werden in einer auf Unterhaltung bedachten Gesellschaft eher als mittelmäßig und ein bisschen fad eingestuft. Genau wie wir allgemein dazu neigen, langsamer zu fahren, um das blutige Drama eines schlimmen Autounfalls zu verfolgen, sind wir stets fasziniert vom Fehlverhalten und von anderen Störungen unserer Mitmenschen.

Wenn wir Erfolg mit Ruhm und Leistung mit allgemeiner Bekanntheit verwechseln, opfern wir jeden Glauben an die Macht des Denkens oder der Reflexion. Junge Menschen empfinden den Schulunterricht auch deshalb als lästige Bürde, weil der Unterhaltungswert der meisten Lektionen gering ist, besonders im Vergleich zu Filmen, Videospielen und sonstigen Freizeitbeschäftigungen. Die mit der Schule verbundene Langeweile ist nur für das spätere Arbeitsleben eine gute Vorbereitung; denn jenes wird gewöhnlich als unangenehme Notwendigkeit betrachtet, dank deren man immerhin das erforderliche Geld verdient, um dann Besitztümer und Aktivitäten genießen zu können, die *wirklich* Vergnügen bereiten.

Diese Einstellung zu Schule und Arbeit beinhaltet oft die Überzeugung, dass die Befriedigung der eigenen Bedürfnisse Kompromisse voraussetzt, nach dem Motto: Alles hat seinen Preis. Man geht davon aus, dass jedes Individuum bestimmte Wünsche hegt und damit dem Partner, der seinerseits Ansprüche stellt, einige Opfer abverlangt. Kein Mensch kann erwarten, alles zu bekommen, was er will, und so bedarf es der ständigen Verhandlung über unterschiedliche Positionen, um in der Beziehung wenigstens teilweise Befriedigung zu erlangen.

Obwohl diese Vorgehensweise einige oberflächliche Bewährungsproben in Fairness besteht, ist sie doch mühsam und erfordert eine ausgiebige Buchführung. Mit dem Durchbruch der Frauenbewegung in der zweiten Hälfte des letzten Jahrhunderts wurde es in einigen Kreisen zu einem Glaubensartikel, dass »niemand freiwillig auf seine Macht verzichtet«. Der Wechsel vom patriarchalischen System zu mehr Gleichberechtigung ging vor allem mit einem verstärkten Wettbewerb in der Beziehung der Geschlechter einher und führte so zu einer von Verhandlungen und Kompromissen geprägten Atmosphäre. Eine Scheidungsrate, die bei etwa 50 Prozent liegt, deutet unter anderem darauf hin, dass derlei Verhandlungen bisher offenbar nicht sonderlich erfolgreich verlaufen sind.

In intimen Beziehungen mag ein anderes Modell bessere Chancen haben als jene »vertragliche Lösung«, die gegenwärtig bevorzugt wird. Was wäre, wenn Ihre Partnerwahl auf einer fundierten Einschätzung der Fähigkeit des anderen beruhte, sich der Ehe mit einer großzügigen Haltung hinzugeben? Was, wenn der Partner nicht mehr erwartete, als dass seine Freundlichkeit von der Ihren erwidert wird? Klingt das hoffnungslos naiv oder schwierig? Wäre diese Person dann ungeschützt und der Ausbeutung unterworfen? Ihre Antworten auf solche Fragen offenbaren viel über Sie selbst, Ihre Weltanschauung und vor allem über Ihre eigene Fähigkeit, mit einer hochherzigen, vom Prinzip der Gegenseitigkeit beherrschten Gesinnung auf den Partner zu reagieren.

Der Vorteil eines derartigen Verfahrens besteht darin, dass es ein Beziehungsmodell liefert, das in weitaus geringerem Maße der Verhandlung bedarf. Der Nachteil liegt darin, dass man sowohl einfühlsam und verständnisvoll werden als auch ein außergewöhnliches Urteilsvermögen im Hinblick auf den Charakter des oder der anderen entwickeln muss, denn nicht jeder ist zu dieser emotionalen Hingabe fähig.

Es gibt eine Geschichte über die langwierige Suche eines Mannes nach der idealen Frau. Als er sie schließlich fand, konnten die beiden leider keine Verbindung eingehen, weil die Frau ihrerseits nach dem idealen Mann suchte. Hier liegt das wesentliche Problem beim Aufbau einer Beziehung, die auf Großzügigkeit gründen und die Bedürfnisse des Partners auf der Ebene der eigenen ansiedeln soll. Die Frage ist nicht nur, wo ich die passende Person finde, sondern auch: Bin ich bereit zu geben, was ich zu empfangen wünsche?

Auch die Götter belieben zu scherzen: die Rolle des Glücks in menschlichen Angelegenheiten

Passend zu dem Kult, der um die persönliche Verantwortung getrieben wird, könnte die übliche Weisheit lauten: Jeder ist seines Glückes Schmied. Dies führt zwangsläufig zu Diskussionen etwa darüber, ob wir verantwortlich sind oder nicht, wenn unser Flugzeug entführt wird. Die Psychoanalyse mit ihrer Ausrichtung auf unbewusste Gedanken und Gefühle, die einen so großen Einfluss auf unser Verhalten haben, würde das Argument vorbringen, dass es keine Zufälle gibt. Obwohl es zweifellos stimmt, dass wir für das meiste, was uns widerfährt, verantwortlich sind, hat auch das Ungewollte und Unvorhergesehene eindeutig seinen Platz unter den menschlichen Angelegenheiten. Wenn der einzige freie Sitz bei jener Podiumsdiskussion vor sechsunddreißig Jahren der neben meiner künftigen Frau war, kann ich kaum leugnen, dass dies das größte Glück war, das mir je zuteil wurde.

Dennoch ist etwas Wahres an Redewendungen wie »Das Glück ist dem hold, der darauf vorbereitet ist«, »Das Glück begünstigt den Wagemutigen«, »Je härter ich arbeite, desto glücklicher werde ich.« Wann immer es um zwischenmenschliche Beziehungen geht, spricht einiges dafür, vorbereitet zu sein. In gewisser Weise können wir unser Leben als Grundlage oder Vorarbeit für die guten Dinge und Menschen betrachten, denen wir begegnen werden. Zugleich braucht es viel Glück, um ihnen tatsächlich zu begegnen. In der Jugend besteht unsere Aufgabe darin, der Person, die wir suchen, immer ähnlicher zu werden und uns in Situationen zu begeben, in denen ein solches Treffen stattfinden kann.

In der Zwischenzeit sind wir mit all den anderen Unternehmungen beschäftigt, die unser Leben vervollständigen. Wir bemühen uns um eine geeignete Ausbildung, um Aktivitäten, in denen wir derart aufgehen, dass wir das Zeitgefühl verlieren, entwickeln Gewohnheiten, die uns Kraft geben und unserer Gesundheit förderlich sind (und vermeiden jene, die das Gegenteil bewirken). Mit anderen Worten: Wir finden heraus, wie die Welt funktioniert. Ein wesentlicher Bestandteil solchen Wissens ist die Einsicht, wie man mit dem Vergehen der Zeit fertig wird, und vor allem die überaus wichtige Erkenntnis, was bewahrt und was aufgegeben oder losgelassen werden sollte.

Gerade das Loslassen bringt uns angesichts der vielen Verluste, die wir erleiden müssen, vielleicht den größten Nutzen. Wenn wir Glück haben, ist der Ablauf unseres Lebens wenigstens zum Teil vorhersehbar. Unsere Eltern sterben vor uns, unsere Kinder nicht. Körper und Geist bleiben uns fast bis zum Ende treu. Nichts Katastrophales geschieht, bis die Zeit für uns oder die geliebten Wesen gekommen ist. Wir können hoffen – aber stets mit der Gewissheit, dass das, was wir unter Kontrolle haben, weniger ist als das, was sich unserer Kontrolle entzieht. Wir täten also gut daran, uns nach besten Kräften auf das Unerwartete vorzubereiten. Indem wir die Rolle des Glücks anerkennen, können wir Demütigungen ertragen, ohne daran zu zerbrechen.

Viel zu oft rechnen wir uns das Glück als Verdienst an, und das macht uns anfällig für späteres Unglück. Wann immer ich höre, dass einem Menschen etwas Schreckliches zugestoßen ist und er sich die überflüssigste Frage überhaupt stellt: »Warum ich?«, verspüre ich plötzlich den Drang zu erwidern: »Warum nicht Sie?« Diejenigen, die über das Unglück überrascht sind, nehmen an, sie hätten ihr Glück irgendwie verdient, und erwarten, es werde ewig andauern. Diese Einstellung entspricht der von Leuten, die glauben, sie würden belohnt, weil sie gute Menschen sind und immer die Regeln befolgt haben. Hierbei handelt es sich natürlich um eine weitere Variante des Mythos, demzufolge das Leben gerecht sei oder Gott uns gemäß unserer Frömmigkeit oder Würdigkeit belohne. Welche Beweise gibt es für derlei Überzeugungen?

Wenn wir mit dem Unglück (beziehungsweise Glück) konfrontiert werden, lautet eine bessere Frage: »Was mache ich jetzt, nachdem mir das passiert ist?« Wenn es ein schlimmes Unglück ist, etwa der Tod eines Kindes, gibt man sich nur allzu leicht seinem Kummer hin. Dann gleicht man einem Soldaten, der ein Bein verloren hat – mit dem Anspruch darauf, sich selbst zu bemitleiden, und dem Bedürfnis, den Verlust so lange zu betrauern, wie es nötig erscheint. Trotzdem taucht die Frage auf: »Was kommt dann?« Wie viel Zeit wir brauchen, um sie zu beantworten, liegt ganz bei uns.

Demnach ist das Unerwartete eine stets gegenwärtige Kraft in unserem Leben. Es lehrt uns Demut. Egal, wie hart wir arbeiten, wie viel Geld wir haben, wie wichtig es für uns ist, bei allem, was wir tun, die Kontrolle zu behalten: Wir sind den Launen des Zufalls unterworfen. Nur Narren glauben, sie seien die einzigen oder gar die entscheidenden Architekten ihres Schicksals. In Wahrheit aber sind wir dem Krebs ausgesetzt, Autounfällen, unberechenbaren Blitzschlägen – und schließlich der zerstörerischen Wirkung der Zeit. Jeder Augenblick erhält seine Intensität durch das Wissen, dass jedes Leben an einem seidenen Faden hängt, dass der beherrschende Einfluss, den wir mit aller Macht geltend zu machen versuchen, auf einer Illusion beruht und dass in diesem Wettlauf am Ende gewiss nicht der Schnellste siegt.

Die Liebe wird Sie die Zeit vergessen lassen – und die Zeit die Liebe

Reichtum und Macht werden fast überall bewundert, wenn nicht beneidet, zumal in einer Gesellschaft, in der wenige Menschen das Gefühl haben, außerhalb des Familien- oder Freundeskreises wirklich gehört zu werden oder einfach nur sichtbar zu sein. Warum winken Menschen in der Menge, wenn eine Fernsehkamera auf sie gerichtet ist? Wem winken sie zu? Wie können Personen die Einverständniserklärung unterschreiben, dass ihr Gesicht in den schlimmsten Augenblicken ihres Lebens – etwa wenn man sie gerade verhaftet – im Fernsehen gezeigt werden darf? Weshalb bewerben sich so viele um die Teilnahme an Reality Shows, wo ihnen Unbehagen und Demütigung sicher sind? Natürlich lautet die Antwort: Präsenz im Fernsehen ist eine Art Bestätigung dafür, dass wir existieren und sichtbar sind, und sei es auch nur einen Moment lang.

Wenn wir glauben, im Alltag nicht bemerkt zu werden und keinerlei Macht zu haben, wirkt sich das zwangsläufig auf die Beziehungen mit den Menschen in unserer Nähe aus. Hier liegt die Ursache der zahlreichen Probleme, die unsere Ehen vergiften. Selbst der übliche Verlauf der Liebe – von der sexuellen Anziehung zur Verliebtheit und später von der Gewöhnung zur leidenschaftslosen Zuneigung – erschüttert unsere träumerische Vorstellung davon, wie die Welt funktionieren sollte. Wird diese Abfolge dann noch auf die Ängste projiziert, die den Alterungsprozess unausweichlich begleiten, sind die Voraussetzungen geschaffen für ein hohes Maß an Unzufriedenheit oder gar Wut. Wir fühlen uns Kräften ausgeliefert, die wir nicht kontrollieren können, und fragen uns, ob überhaupt eine Entscheidung hinsichtlich unserer Lebensführung richtig war.

Dieser düstere Hintergrund erklärt, warum so viele denken: »Das Leben ist hart und man muss verhandeln, um das zu bekommen, was man will« – obwohl diese Einstellung die Samen des Konflikts mit den uns nächsten Menschen sät. Verhandeln ist dann wichtig, wenn die Interessen der Beteiligten miteinander konkurrieren. Beim Autokauf zum Beispiel wissen wir, dass unser Wunsch nach dem denkbar niedrigsten Preis von dem des Verkäufers abweicht, der den höchsten vorzieht. Da zwischen uns keine emotionale Bindung besteht, ist Verhandeln angemessen. Besteht jedoch eine emotionale Bindung, etwa weil der Verkäufer unser Nachbar ist, wird die Verhandlung wahrscheinlich zugunsten der Person ausgehen, die sich am wenigsten um die andere kümmert. Das trifft nicht zufällig auch auf viele Ehen zu.

Daher ist die Verhandlung, zumal in einer von Feindseligkeit und Abwehrhaltung geprägten Atmosphäre, ein so unbrauchbares Mittel zur Konfliktlösung zwischen Menschen, die sich doch eigentlich lieben sollten. Warum wird sie dann trotzdem weithin empfohlen (Therapeuten können ein Lied davon singen), um eheliche Zwietracht zu schlichten?

Zunächst klingt das Rezept einleuchtend. Liefert nicht gerade die Verhandlung eine Lösung für die Probleme der realen Welt – von der Kriegsprävention über die Gesetzgebung bis zum Feilschen auf Flohmärkten? Warum also zeitigt sie nicht mehr Wirkung zwischen Partnern in langjährigen Beziehungen? Die Antwort hat damit zu tun, dass nur wenige Auseinandersetzungen innerhalb der Ehe den springenden Punkt berühren. Es heißt, Sex, Geld und Kinder seien die häufigsten Anlässe für eheliche Streitigkeiten. Dennoch weist das sich wiederholende Muster der meisten Konflikte darauf hin, dass dieses Hin und Her für beide Parteien gleichsam ein vertrauter und sogar beruhigender Tanz ist – bis zu dem Moment, da eine von ihnen zu der Überzeugung gelangt, sie halte es einfach nicht mehr aus. Dann stehen interessierte Beobachter vor dem Problem zu erklären, was verkehrt gelaufen ist. Es ist durchaus merkwürdig, dass das *Ver*lieben keiner Erklärung bedarf, dass wir aber einen befriedigenden Grund dafür finden (oder erfinden) sollen, warum wir uns *ent*lieben.

In vielen Ehen, die mit Scheidung enden, ist Folgendes passiert: Die Beziehung hat sich von einem gemeinsamen, auf Zusammenarbeit gründenden Unternehmen in einen Machtkampf verwandelt, den keine Partei gewinnen oder beilegen kann. Das Feld, auf dem dieses Gefecht ausgetragen wird, ist von Paar zu Paar und von Phase zu Phase verschieden. Von außen betrachtet mögen einem die Unstimmigkeiten wie Gezänk vorkommen – aber dieser Ausdruck beschreibt die Intensität der hervorgerufenen Gefühle oder die Höhe der Einsätze nicht annähernd –, ehe es schließlich zum Bruch kommt. Was den Konflikt verschärft und eine Lösung verhindert, ist der Umstand, dass die Auseinandersetzung schließlich von beiden Partnern als Kampf um das seelische Überleben gesehen wird, bei dem ihre Persönlichkeit, ihr menschlicher Wert das eigentliche Thema ist. Sobald ihnen das bewusst wird, vollziehen sie gewöhnlich die Trennung. Die Alternative besteht darin, den vertrauten Tanz fortzusetzen. Jenen Patienten, die trotz ständiger Differenzen zusammenbleiben wollen, empfehle ich manchmal, sich gemeinsam den Film *Wer hat Angst vor Virginia Woolf* anzuschauen. (Es ist bezeichnend, dass die Stars dieses Films, Richard Burton und Elizabeth Taylor, insgesamt dreizehnmal verheiratet waren, zweimal miteinander.)

Wie gegen alle typisch menschlichen Fehler gibt es auch gegen die Irrtümer des Herzens ein Gegengift, nämlich zu lernen, wie man unter seinen Freunden und den Liebhabern, zu denen sie vielleicht werden, eine bessere Wahl trifft. Ein Hinweis: Jede Eigenschaft, die Sie an der anderen Person stört, wird sich im Laufe der Jahre umso deutlicher bemerkbar machen (das Gleiche gilt für die Merkmale, die ihr an Ihnen missfallen). Deshalb ist die Frage nach den Kontrollmechanismen bereits im frühen Stadium einer Beziehung so wichtig. Vermutlich sehen die meisten Menschen die Ehe als kooperatives Unternehmen. Wenn das Individuum, das Sie in Betracht ziehen, offenbar stark wetteifert und dauernd etwas kontrollieren will, sollten Sie genau darauf achten, ob sich dieses Bedürfnis nicht auch auf die Interaktionen mit Ihnen überträgt. Hierin würde sich eine Variante jener unheilvollen Charakterzüge widerspiegeln, die im ersten Teil dieses Buches im Zusammenhang mit Selbstsucht erörtert wurden. So jemanden wollen Sie als Elternteil bestimmt nicht in der Nähe Ihrer Kinder haben.

Der folgende, sehr typische Beitrag stammt von einer Frau, die über das Internet Rat suchte:

> Wenn er auf mich wütend ist, sage ich nichts mehr, und dann scheinen wir uns förmlich aufzulösen in abfälligen Bemerkungen, kalten Blicken und einer mit Spannung geladenen Distanz. Schließlich schreien wir uns an, und beide Seiten wiederholen das immer gleiche Lamento, ohne irgendeine Hoffnung, all dies je aus der Welt schaffen zu können: »Du bist immer deprimiert.« – »Und du bist immer hektisch.« – »Du beklagst dich über alles.« – »Und du bist ständig zu beschäftigt, um Zeit mit mir zu verbringen und etwas für unsere Beziehung zu tun.« So geht es endlos weiter, bis wir zu erschöpft sind, um damit fortzufahren. Dann denke ich, dass wir uns nie versöhnen werden. Doch bald ist der Streit vergessen, und wir merken einfach, dass wir uns lieben, dass wir schon zu lange zusammen sind, um die Beziehung auf die leichte Schulter zu nehmen, dass wir vieles zusammen durchgemacht haben und dass wir immer zusammen sein werden.

Können Menschen solche repetitiven Verhaltensmuster aufgeben? Vielleicht, wahrscheinlich aber eher nicht, denn keiner von beiden kann den Machtkampf erkennen, der ihrem Konflikt zugrunde liegt.

Ist es möglich, eine Ehe zu führen, die relativ frei von Konflikten ist? Die Meinung der Experten lautet: nein. Ein gewisses Maß an Wettkampf und Uneinigkeit wird weithin als unvermeidlich erachtet, weshalb der betreffende Rat meistens auf Kompromisslösungen und Konfliktbewältigung abzielt. Man geht davon aus, die Liebe habe eben ihre Grenzen. Niemand kann das Gegenüber derart fürsorglich behandeln, dass dessen Interessen *jedes Mal* mit den eigenen gleichgesetzt werden. Wir alle neigen, so die Behauptung, zum Egoismus. Diese Annahme infrage zu stellen hieße, nach einer Perfektion zu streben, die niemals erreichbar ist.

Solange die Erwartungen in einem bescheidenen Rahmen bleiben, können wir auch mit bescheidenen Resultaten rechnen. Wenn also unsere Vorstellung von engen Beziehungen zahlreiche, dem Selbstschutz dienende Verhandlungen mit einschließt, werden diese wohl auch stattfinden. Und wenn uns die Unzulänglichkeiten des geliebten Wesens mit der Zeit immer lästiger werden, können wir sicher sein, dass ihm unsere Schwächen ebenso Verdruss bereiten. Führt diese Entwicklung dann zu wechselseitiger Kritik und Streit, sind wir genau dort, wo wir sein sollen, genau an dem Punkt, wo auch unsere Eltern schon waren. Wir erfüllen den Ehevertrag so leidlich und resigniert wie möglich und beglückwünschen uns, falls wir es schaffen zusammenzubleiben. »Was, wenn's besser nicht geht?«, fragt Jack Nicholson in dem Film *Besser geht's nicht* in einem Wartesaal voll psychisch Kranker. Das ist eine Frage, die viele Paare sich stellen sollten.

Jede Landung, nach der man seinen Weg fortsetzen kann, ist eine gute Landung

Wenn ein US-amerikanisches Flugzeug abstürzt, führt das *National Transportation Safety Board* eine gründliche Untersuchung durch, um die »wahrscheinliche Ursache« des Unglücks zu ermitteln. Wurde es heraufbeschworen durch einen Fehler des Piloten, schlechtes Wetter oder technisches Versagen? Was käme wohl zum Vorschein, würde man sich ähnlich viel Mühe mit der psychologischen Autopsie gescheiterter Ehen geben? Die kurz gefasste Antwort lautet: Wir würden wohl zwei Menschen sehen, die mit vierzig Jahren anders waren als mit zwanzig, was nicht überraschend ist; außerdem eine beträchtliche Portion Wut, manchmal zum Ausdruck gebracht, meistens aber unterdrückt. Und worüber waren diese Leute wütend? »Ich habe bei der Hochzeit nicht gemerkt, was für eine Art Mensch er/sie ist.« Eine genauere Nachforschung deckte gewöhnlich im frühen Stadium der Beziehung gewisse Befürchtungen auf, die man nicht weiter beachtete oder in der Weise interpretierte, dass die fragwürdigen Eigenschaften sich mit der Zeit und dank der Liebe ändern würden.

Oft wird der Wunsch, eine Ehe einzugehen, durch das Timing, alle möglichen Hoffnungen und tickende Uhren unterschiedlicher Art verstärkt. Nur wenige Menschen können ihr drittes Lebensjahrzehnt ungebunden und ohne das Gefühl hinter sich lassen, einem anderen Zeitplan unterworfen zu sein als die meisten ihrer Freunde. Zwar variiert die Dringlichkeit dieses Gefühls, aber es erklärt viele Entscheidungen, die auf einem Kompromiss beruhen. Wenn Leute mitten in einer strittigen Scheidung mit Klagen über den ihnen fremd gewordenen Partner zu mir kommen, sage ich häufig: »Offenbar haben Sie beschlossen, diesen Menschen zu heiraten, aber er hat sich nicht als derjenige erwiesen, den Sie im Sinn hatten. Das war ein Fehler. Gewöhnlich verlangt das Leben, dass wir für unsere Fehler bezahlen. Was Sie jetzt durchmachen, entspricht dieser Bezahlung.« Das mag herzlos wirken, aber so ist die Wahrheit oft. Sich selbst zu bemitleiden, weil es einem an Weitblick fehlte, ist jedenfalls selten konstruktiv und niemals attraktiv.

Wenn ich von Vorschlägen höre, Ehen zu stabilisieren, etwa die Paare zu einer vorehelichen Beratung zu verpflichten, wünsche ich mir immer, jemand würde ausdrücklich betonen, dass man im Falle einer Scheidung den eigenen Eltern die Kosten für die Hochzeit und jedem Geber den Gegenwert seines Geschenks in bar zurückerstatten muss. Das könnte helfen, die Menschen zusammenzuhalten, oder ihnen wenigstens zu denken geben, bevor sie zum Traualtar schreiten.

Doch ich schweife ab von unserer Aufgabe, den Absturz zu rekonstruieren, die allein deshalb wichtig ist, weil Menschen aus dem überaus regelmäßigen Verlieben und Entlieben so wenig zu lernen scheinen. Diese mangelnde Lernfähigkeit ergibt sich aus Statistiken, die zeigen, dass bei zweiten (und dritten) Ehen die »Durchfallquote« noch höher liegt als beim ersten Versuch.

Wenn die Ursache der ehelichen Zwietracht in ein Wort gefasst werden könnte, würde ich *Kritik* vorschlagen. Es ist erstaunlich, wie viele Rügen, unerwünschte Empfehlungen und direkte Befehle zwischen Menschen ausgetauscht werden, die versprachen, einander zu lieben und zu schätzen. (Das Verb »gehorchen« ist zum Glück aus dem Ehegelübde getilgt worden, obwohl sich Leute oft benehmen, als sei es weiterhin darin enthalten.) Alles – von der Forderung, bei der Kinderpflege und im Haushalt mitzuhelfen, bis zu den Anweisungen des Partners auf dem Beifahrersitz – wird der Kritik unterworfen. Das ist Ausdruck des Unwillens, von dem jene allgemeingültige Wahrheit spricht: »Niemand bekommt gern gesagt, was er tun soll.« Wortwahl und Tonfall sind hier entscheidend. Es besteht ein himmelweiter Unterschied zwischen der höflich vorgebrachten Bitte um Unterstützung und der missmutig gestellten Forderung, die dem oder der anderen den Zwang auferlegt, mit anzupacken. Wenn ich Paaren behutsam nahelege, möglichst auf Kritik zu verzichten, schauen mich die meisten an, als hätte ich dem Verteidigungsminister zu einseitiger Abrüstung geraten.

Das ist ein Hinweis auf das Bedürfnis nach Selbstschutz, das die meisten schlechten Ehen durchzieht. Die Vorstellung, man müsse sich gegen jene Person verteidigen, die einem am nächsten steht, ist das genaue Gegenteil von Liebe. Sie wirft die Frage auf, was die Grundlage der Verbindung zwischen Menschen sein könnte, die sich in diesem Zustand befinden. Eine derartige Einstellung zeugt von Misstrauen und hat, wenn sie anhält, oft die Trennung zur Folge, weil sonst das eigene Selbstwertgefühl völlig verloren ginge.

Neben der zersetzenden Langzeitwirkung der Kritik gibt es noch andere Konflikte, die ebenfalls etwas mit dem Wunsch nach Kontrolle zu tun haben. Wie schon erwähnt besteht eines der bleibenden Paradoxe darin, dass gerade ein obsessives Bedürfnis nach Kontrolle zu Vereinsamung und Kontrollverlust führt. Oder anders ausgedrückt: *Sobald es um Beziehungen geht, gewinnen wir Kontrolle, indem wir sie aufgeben.* Natürlich kann dies nur geschehen, wenn wir uns sicher und geliebt fühlen.

Wenn wir früh im Leben lernen, unsere Freunde sorgfältig auszuwählen, und bestimmte schätzenswerte Eigenschaften entwickeln, sind wir geeignet, einem Menschen zu begegnen, der den unendlich befriedigenden Tanz gegenseitiger Liebe mit uns beginnen wird. Um diese Person zu finden, braucht man viel Glück und Geduld. (Malcolm Gladwell vertritt den Standpunkt, man brauche zehntausend Stunden, um auf welchem Gebiet auch immer »Experte« zu werden.)

Solange wir glauben, jede von uns getroffene Entscheidung sei mit einem Kompromiss zwischen unerreichbarer Perfektion und erträglicher Realität verbunden, werden wir dazu neigen, uns mit jemandem zu begnügen, der nicht unserem tiefsten Wunsch entspricht. Da wir uns der eigenen Unzulänglichkeiten deutlich bewusst sind, ignorieren oder akzeptieren wir oft die Schwächen eines möglichen Partners und fragen uns nie, ob wir nach einigen Jahren gemeinsamen Lebens mit ihm weiterhin so nachsichtig sein werden. Wenn wir unseren Irrtum endlich bemerken, ist schon so viel passiert (Haus, Kinder, ganz zu schweigen vom Zeitaufwand und dem Gewicht langjähriger Gewohnheit), dass wir uns häufig gefangen fühlen und zugleich wütend sind, bereit für eine professionelle Paartherapie. Dort verabreicht man uns wahrscheinlich eine Dosis der üblichen Weisheit über die harte Arbeit in Beziehungen und die Bedeutung des Verhandlungsgeschicks.

Es gibt Menschen, die perfekt sind – nicht unbedingt nach objektiven Maßstäben, aber für uns (oder die mit uns perfekt werden können). Wenn wir unsicher sind (und wer ist das nicht), geben sie uns Sicherheit. Wenn wir Ungeduld zeigen, reagieren sie verständnisvoll. Und wenn sie ängstlich sind, können wir unseren Mut beweisen. Eine solche Beziehung kennzeichnet sich im Grunde dadurch, dass Kritik, Konflikt, Machtkampf praktisch abwesend sind – ebenso wie die Überzeugung, beide Partner müssten auf etwas verzichten, um zu bekommen, was sie wollen. Tatsächlich verwischt in einer harmonischen Beziehung die Grenze zwischen Geben und Empfangen, und es ist einfach undenkbar, dem oder der anderen absichtlich zu schaden.

Hat es den Anschein, als wäre damit zu viel verlangt? Lautet die Lektion des Lebens wirklich, dass wir uns immer mit weniger zufriedengeben müssen, als wir uns wünschen? Dass nichts und niemand unsere kühnsten Hoffnungen erfüllen kann? Derartige Auffassungen, noch bekräftigt dadurch, dass wir rings um uns Leute sehen, die in jedem Lebensbereich Kompromisse schließen – »wie wir alle es tun müssen« –, verleitet uns zur Skepsis gegenüber der Möglichkeit einer dauerhaften Liebe. Dass wir uns nach transzendenter Erfahrung sehnen, wird deutlich, wenn wir in die verzückten Gesichter der Mitglieder charismatischer Kirchen schauen. Sie fühlen sich offenbar geborgen in der

Liebe zu Gott, der ihnen dafür unbedingte Liebe entgegenbringt. Dieser Glaube findet allerdings selten Widerhall in unseren zwischenmenschlichen Beziehungen. Warum ist dem so? Vielleicht deshalb, weil keiner von uns einem anderen Menschen das ewige Leben versprechen kann. Nur eines können wir versprechen, nämlich zusammenzubleiben, bis dass der Tod uns scheidet – ein Schwur, der oft getan, aber weitaus weniger oft eingelöst wird.

Wer sich in die Liebe verliebt, erliegt einer Täuschung

Von der Liebe zu jemandem ergriffen werden – schon der Ausdruck deutet an, dass man, machtlos, wenn auch entzückt, die Kontrolle über sich selbst verloren hat. Es ist, als sei einem plötzlich der Sinn des eigenen Lebens klar geworden, als empfände man ein Gefühl, das ewig andauern wird, als hätte man etwas Wunderbares bekommen, ohne darum bitten zu müssen. Warum ist man, wohl wissend, dass dies eine alltägliche Sache ist, die sich vorher schon milliardenfach zugetragen hat, in so einzigartiger Weise glücklich?

Wir sind uns bewusst, dass letztlich alles, was in unserem Gehirn passiert, das Ergebnis eines biochemischen Prozesses ist, einer Reihe aktivierter Neurotransmitter sowie elektrischer Impulse in den Gliedmaßen. Um uns gegen diese Erkenntnis zu schützen, berufen wir uns aufs Herz und verwandeln das den Blutkreislauf steuernde Organ in das Zentrum unserer Zuneigung, welches nahe unserer ebenso schwer fassbaren, aber höchst wichtigen Seele liegt. Dass jene Empfindungen der Freude, der Leidenschaft und der Unsterblichkeit auch durch die Einnahme diverser illegaler Drogen hervorgerufen werden können, sollte ein Hinweis auf die im Gehirn stattfindenden biochemischen Prozesse sein. Ich erwähne derlei nicht, um die Liebe ihrer Macht und ihres Geheimnisses zu berauben, sondern um daran zu erinnern, dass diese Aufwallungen im biochemischen Kreislauf, die unsere Gefühle übermitteln, unmerklichen Veränderungen unterworfen sind und erst durch das in der Hirnrinde angesiedelte logische Denkvermögen eine bestimmte Form erhalten.

Die Erfahrung, von jemand anderem hingerissen zu sein, machen wir gewöhnlich zum ersten Mal als Teenager, also bevor wir wirklich über die Welt und die Menschen Bescheid wissen. Für dieses Phänomen gibt es einen Namen: Schwärmerei. Die dabei erweckten Gefühle sind keineswegs schwächer als jene im Erwachsenenalter. Nur dass die Jugendlichen weniger imstande scheinen, ebenso kluge wie weitsichtige Entscheidungen in Bezug auf sich und andere zu treffen, weshalb kaum eine dieser Vernarrtheiten zu einer dauerhaften Verbindung führt. Doch etwas bleibt von diesen Erfahrungen: die Erinnerung, wie wunderbar das Gefühl war. Das Verlieben selbst kann aber auch zu einer Art Droge werden und eine Abhängigkeit bewirken, die bis ins Erwachsenenalter fortbesteht (leicht abgemildert durch die Erinnerung an den Trennungsschmerz).

Die Gründe für die Verliebtheit sind von Person zu Person sehr verschieden. Umfragen belegen, dass Männer und Frauen im Allgemeinen jeweils nach unterschiedlichen Eigenschaften bei ihren möglichen Ehepartnern suchen. Männer fühlen sich meistens von körperlicher Schönheit angezogen, während Frauen ihr Augenmerk eher auf einen guten Ernährer und künftigen Vater ihrer Kinder richten. In dieser Atmosphäre ist viel Platz für Missverständnisse und konkurrierende Bedürfnisse. Eine weitere Belastung ergibt sich dadurch, dass Männer gewöhnlich dazu angehalten werden, sich mit anderen zu messen, wohingegen Frauen vor allem die schwierige Aufgabe des Umgangs mit Gefühlen bewältigen sollen. Das mag nach Stereotypen klingen, aber viele Therapeuten würden wohl bestätigen, dass die Art der Kommunikation geschlechtsspezifisch ist. (Ein Cartoon mit dem Titel »Die Entstehung der Sprache« zeigt ein Paar, das vor seiner Höhle sitzt. Die Frau sagt: »Wir müssen miteinander reden.« Der männliche Höhlenbewohner denkt: »Uh-oh.«)

Das Problem besteht nicht nur darin, dass Männer und Frauen voneinander abweichende Motive haben, eine Beziehung aufzubauen, oder dass sie unterschiedlich kommunizieren. Beiden Geschlechtern mangelt es vor allem auch an der Fähigkeit, unter die Oberfläche zu schauen und jene Qualitäten in sich und bei anderen zu erkennen, die überdauern. Tatsächlich ist die Macht der Verliebtheit ungeachtet ihres Auslösers groß genug, das rationale Denken auszuschalten, und genau daher rührt die Binsenweisheit: »Liebe macht blind.« Selbst wenn die unbekümmerten Jugendtage längst vorbei sind, halten viele Menschen noch immer sentimental am Happy End der Märchen fest.

Die eigentlichen Fragen nach der Liebe kreisen irgendwo zwischen vernünftiger Einschätzung und biochemisch bedingter Verrücktheit. Die meisten werden eine durch Kokain oder Heroin hervorgerufene Ekstase ablehnen, weil uns die Schattenseiten der Sucht bekannt sind. Aber die Sucht nach Liebe hat einen derart guten Ruf, dass sie ungefährlich scheint. Nur in extremen Fällen wird jemand wagen, einem verliebten Menschen mitzuteilen: »Ich glaube nicht, dass er (sie) der (die) Richtige für dich ist.« Wer bringt schon den Mut auf, in einen mit zärtlichen Regungen gefüllten Ballon zu stechen?

Damit ist die Bühne bereitet für alle möglichen Fehler und Irrtümer, die dann auftauchen, wenn wir die Impulsivität der Reflexion vorziehen. Völlig vernarrt beschließen wir, uns mit einem Menschen zu verbinden, den wir nur flüchtig kennen. Und schon bald beginnt der zur Ehe führende Prozess: die Verlobung, die kostspieligen und langwierigen Rituale der Hochzeitsplanung und schließlich der große Tag in seiner ganzen Pracht. Erst danach machen wir uns an die oft voller Überraschungen steckende Aufgabe, die andere Person kennenzulernen. Alle üblichen Gegenmittel gegen diese Abfolge der Ereignisse haben sich als wirkungslos erwiesen. Zum Beispiel gibt es kaum Anhaltspunkte dafür, dass Paare, die vor der Ehe zusammenleben, später besser abschneiden als solche, die das nicht tun. Dementsprechend besteht auch keine Korrelation zwischen der Länge der Verlobungszeit und der Überlebenschance der Ehe. Offenbar sind wir genauso wenig qualifiziert, Vorhersagen über das künftige Verhalten unseres Partners zu treffen, wie Psychiater, die Prognosen über die Gefährlichkeit ihrer Patienten stellen sollen.

Was können wir aus all dem schließen – außer, dass das Leben voller Überraschungen ist und nur wenige von uns die Gabe des Weitblicks besitzen? Eine Antwort gibt die folgende Geschichte: Ein Mann geht des Nachts eine dunkle Straße entlang und stößt auf einen anderen Mann, der unter einer Straßenlaterne auf Händen und Füßen nach etwas im Rinnstein sucht. »Was suchen Sie denn?«, fragt er. »Meinen Autoschlüssel«, erwidert der andere. »Lassen Sie mich

Ihnen helfen«, sagt der erste Mann, während er sich niederkniet und zu suchen beginnt. Nach einigen Minuten fragt er: »Sind Sie sicher, dass Sie ihn hier verloren haben?«, woraufhin sein Gegenüber erklärt: »Eigentlich hab ich ihn einen halben Block weiter hinten verloren.« Verdutzt fragt der erste Mann: »Aber warum suchen Sie dann hier?« – und bekommt zur Antwort: »Weil an dieser Stelle Licht ist.«

In ähnlicher Weise führt die Suche nach Liebe am falschen Platz oder die Hoffnung, sie in der falschen Person wachzurufen, nur selten zu dauerhaftem Glück. Der Sprung von einer dunklen Klippe mag einem kurzzeitig das Gefühl geben, frei durch die Lüfte zu schweben, doch er ist ziemlich riskant, wenn man eine sanfte Landung nicht genau vorhersagen kann.

Hier kommt der Lernprozess ins Spiel. Wenn man eine klare Vorstellung davon hat, woraus sich ein Charakter zusammensetzt und welche Eigenschaften bei anderen Menschen der Aufmerksamkeit bedürfen, wird man wahrscheinlich viele der katastrophalen Fehler vermeiden, die der Institution Ehe heute schwer zu schaffen machen. Das Leben gibt keine Garantien. Doch warum wir jenem Wissen weniger Beachtung schenken als etwa der Algebra, bleibt ein Geheimnis.

Erfahrungsgemäß gilt: zuerst die Prüfung, dann die Lektion

In dem Bemühen, unseren Kindern Informationen zu übermitteln, die ihnen später im Leben nützlich sein werden, neigen wir dazu, uns auf die üblichen Fächer wie Mathematik, Geschichte und Literatur zu konzentrieren und sie so auf die nächste Ausbildungsstufe vorzubereiten. Wenige Leute sind mit der dabei geleisteten Arbeit zufrieden, und ständig wird die Tatsache beklagt, dass sie in anderen Ländern besser gemacht wird. Seit Langem schon vertrete ich die Ansicht: Was wir völlig ignorieren, ist die Belehrung über menschliches Verhalten und Charaktereigenschaften, die zum Glück unserer Kinder beitragen würde. Da eine Diskussion über Werte Teil eines solchen Unterrichts wäre, scheuen Pädagogen verständlicherweise davor zurück, um keinen Anstoß bei den Eltern zu erregen, die vermutlich für diesen Bereich der Erziehung zuständig sind. Statistiken über Schwangerschaften bei Teenagern, Drogenmissbrauch und vor allem Scheidungsraten zeigen jedoch, dass Jugendliche nicht darauf vorbereitet werden, dauerhafte Beziehungen aufzubauen und ein befriedigendes Leben zu führen.

Demnach wäre es nicht undenkbar, Kurse mit Titeln wie »Hindernisse auf dem Weg zum Glück« (oder »Wie man Menschen meidet, die einem das Herz brechen«) auszuarbeiten, die sich mit diesen Themen befassen. Wenn es einerseits richtig ist, Jugendlichen beizubringen, dass sie auf ihre körperliche Gesundheit achten müssen, könnte man doch andererseits ebenso viel Zeit aufwenden, um mit ihnen über ihre seelische Gesundheit zu sprechen, oder darüber, wie man die Eigenschaften in anderen Menschen erkennt, die sie für langfristige Beziehungen tauglich oder untauglich machen, und wie man wünschenswerte Charakterzüge in sich selbst fördert. Unser Schweigen angesichts derartiger Fragen garantiert nur, dass in diesen Bereichen fast alle Lernprozesse von Altersgenossen gesteuert werden und zwangsläufig viele Fehler beinhalten.

Wie wäre es also mit einem Kurs zum Thema »Eigenschaften eines guten Ehepartners«? Da die Entdeckung einer solchen Person viel mit unserem künftigen Glück zu tun hat und wir diese Aufgabe derzeit im Allgemeinen so schlecht bewältigen, würde es sich für Jugendliche durchaus lohnen, über Tugenden wie Freundlichkeit und Toleranz sowie die Fähigkeit zur Hingabe nachzudenken und zu lernen, wie man diese Eigenschaften erkennt und pflegt.

Allein schon eine Definition der in solchen Diskussionen verwendeten Begriffe wäre wertvoll. Was begründet das Glück, und wie definieren es Menschen im Hinblick auf ihr eigenes Dasein? Wie lautet die Definition von Liebe, eines der vieldeutigsten und am meisten missbrauchten Wörter überhaupt? Wie wissen wir, vor wem wir uns in Acht nehmen und wem wir uns annähern sollten? Ist die Monogamie ein natürlicher und befriedigender Aspekt des menschlichen Zusammenlebens? Welche Methoden sind für die Bewältigung von Konflikten heilsam und welche nicht? Wie begegnen wir unserer Sterblichkeit und wie werden wir damit fertig? Wie gehen wir mit Verlusten um? Welche Rolle spielt die Sexualität auf unserer Suche nach dauerhaftem Glück?

Es ist verblüffend, wie wenig diesbezügliche Anleitungen Jugendlichen mit auf den Weg gegeben werden. Bedrängt von den Forderungen ihres sich entwickelnden Körpers, beherrscht vom sexuellen Drang, erfüllt von der Angst vor Zurückweisung, die sie zwangsläufig erwartet, unsicher, was es heißt, ein erfolgreicher Mann oder eine erfolgreiche Frau zu sein, konfrontiert mit den Paradebeispielen einer Schönheit, die sie gewöhnlich nicht erreichen können, sind sie begreiflicherweise nicht überzeugt davon, dass Eltern oder Lehrer ihnen wesentliche Orientierungshilfen zu bieten haben.

Kein Wunder, dass die meisten Eltern auf eine Reihe von Beschränkungen und Verboten zurückgreifen und bestimmen, was man *nicht tun darf* – vor allem hinsichtlich Drogen, Sex und des Autofahrens. Es scheint, als lähmten unsere Ängste um das Überleben der Kinder unseren Sinn dafür, was sie wirklich brauchen, um glücklich ihren Kurs durchs Leben zu steuern.

Ich meine, dass junge Menschen auf solche Fragestellungen mit Interesse reagieren würden. Die Erfahrungen, die ich mit Teenagern in der Therapie gemacht habe, zeigen, dass sie die Möglichkeit, mit einem nachdenklichen, unvoreingenommenen Erwachsenen über ihre alltäglichen Erlebnisse zu sprechen, meistens durchaus schätzen.

Wir müssen viele Schwierigkeiten überwinden, um einen derartigen Dialog in Gang zu bringen. Vor Jahren schrieben Simon and Garfunkel einen Song mit dem Titel »Kodachrome«. Eine Zeile lautet: »Wenn ich an all den Mist denke, den ich in der Schule gelernt habe, ist es ein Wunder, dass ich überhaupt denken kann.« Vieles von dem, was wir unseren Kindern heute beibringen, hat für ihren künftigen Erfolg als menschliche Wesen keinerlei Bedeutung – und sie wissen das. Man stelle sich nur einmal vor, wie ihr Leben aussähe, wenn wir ihnen die notwendigen Informationen geben und sie in Diskussionen verwickeln könnten, die auf ihr jetziges Leben anwendbar wären und ihre Chancen erhöhten, im Streben nach Glück die gewünschten Resultate zu erzielen.

Wir könnten in diesen Kursen Gastredner zu Wort kommen lassen: Ehepartner, die sich nach fünfzig Jahren des Zusammenlebens immer noch lieben, oder solche, die sich schnell entliebten; Menschen, die bald sterben; Personen, deren Glück einem religiösen Glauben entspringt; Leute, die der Überzeugung sind, es gebe keinen Gott. Die bloße Betrachtung solcher Themen würde wohl dazu führen, dass Jugendliche Denkgewohnheiten ausbilden, die sie später nutzen könnten, wenn sie mit der wichtigsten Aufgabe überhaupt konfrontiert werden: ihrem Leben einen Sinn zu verleihen. Selbst Hollywoodfilme, die sich ernsthaft mit der Frage auseinandersetzen, wie man leben soll, könnten herangezogen werden. (Sofort fallen mir ein *Eine ganz normale Familie*, *Am goldenen See*, *Eine verhängnisvolle Affäre* und *Schwer verliebt*.) Warum unternehmen wir nicht einen Versuch in diese Richtung? Die Schüler könnten dabei viel lernen – und nicht zuletzt auch ihre Lehrer.

Das Problem mit Eltern ist: Sobald sie über genügend Erfahrung verfügen, sind sie beschäftigungslos

Nicht alle Eltern sind von Natur aus gleich. Das Ideal der bedingungslosen elterlichen Liebe ist nicht für jeden von uns verfügbar. Einige Menschen scheinen unfähig zu solch einem Gefühl, oft weil es ihnen von den eigenen Eltern vorenthalten wurde. Wenige Trainingsprogramme beschäftigen sich damit, wie man ein guter Vater oder eine treu sorgende Mutter wird, und selbst wenn es sie in größerer Zahl gäbe, wäre gerechterweise zu sagen, dass kein Mensch dem anderen beibringen kann, wie man liebt.

Übrig bleiben viele Menschen, die auf die Methode »Lernen durch Tun« sowie ihre inneren Reservoire an Freundlichkeit und Verantwortungsbewusstsein zurückgreifen müssen. Wenn diese durch äußere Umstände – etwa eheliche Zwietracht, Mangel an Vorbildern, berufliche Anforderungen oder weitere Kinder, die zu versorgen sind – entleert werden, kann es nicht überraschen, dass junge Menschen unter emotionaler Vernachlässigung oder dem anhaltenden Schmerz leiden, von den Eltern zurückgewiesen oder gar missbraucht worden zu sein. Wer in einer derartigen Atmosphäre aufwächst, kommt nicht in den Genuss einer sicheren Bindung an seine Eltern, die als Schutzschild gegen die Launen der Zuneigung dient; denn diese wird geschenkt und verweigert, verloren und wiedergefunden, wie wir alle aus Erfahrung wissen. Kinder, die von seelisch gesunden

Eltern vorbehaltlos geliebt werden, bewahren dadurch normalerweise ihr ganzes Leben lang ein intaktes Selbstwertgefühl, ungeachtet der Verluste und Ablehnungen, mit denen sie konfrontiert sein mögen.

Unsere erste Erfahrung mit der überaus wichtigen Tugend namens Empathie machen wir in der frühesten Kindheit, noch bevor wir Wörter benutzen können, um unsere Bedürfnisse mitzuteilen. Deshalb ist der übliche Rat an Eltern, »das Kind schreien zu lassen, bis es einschläft«, so seltsam. Als käme es darauf an, dem Säugling die Botschaft zu übermitteln, dass er uns nicht manipulieren kann, dass er dazu erzogen werden muss, Unwohlsein zu ertragen, und von uns keinesfalls »verwöhnt« wird. Im Grunde lehrt ihn ein solcher Entzug der Aufmerksamkeit nur, dass die Bedürfnisse der Eltern Vorrang haben vor den seinen. Das wird sein Sicherheitsgefühl kaum stärken – und ihm auch nicht verdeutlichen, was es heißt, geliebt zu werden.

Sobald das Kind gehen kann und anfängt, die Welt zu erkunden, machen wir Bekanntschaft mit weiteren Legenden. Kleinkinder in jener Phase bezeichnen Eltern oft als *»terrible twos«*, die »schrecklichen Zweijährigen«. Da nun erhöhte Wachsamkeit geboten ist, ist die Bühne frei für Machtkämpfe, bei denen das Wort »Nein« eine zunehmend größere Rolle spielt. Statt die Babys irgendwie abzulenken oder vorbeugende Maßnahmen zu treffen, indem sie zum Beispiel die häusliche Umgebung kindersicher machen, betrachten viele Eltern die neu entdeckte Unabhängigkeit des Kindes als potenzielle Bedrohung ihrer Autorität und halten diese Zeit für passend, um zu demonstrieren, wer Herr im Hause ist. In vielerlei Hinsicht sind solche

Kämpfe erste Vorboten jener Konflikte, die in der Pubertät ausbrechen werden.

Im 21. Jahrhundert scheint es lächerlich, über die Nachteile, geschweige denn die Unmoral körperlicher Züchtigung an Kindern zu sprechen, aber solche Strafen werden in einigen Elternhäusern weiterhin verhängt und finden trotz gegenteiliger Gesetze immer noch Befürworter. Die Vorstellung, Gewalt gegen Kinder habe einen pädagogischen Wert, ist einfach absurd. Einer der traurigsten Sätze, die ich in der Therapie höre, lautet: »Meine Eltern haben uns den Hintern versohlt, aber das hat mir nicht geschadet.« Diese unheilvolle Verbindung von Gewalt und Liebe stiftet Verwirrung und hinterlässt von der einen Generation zur nächsten bleibende Narben.

Da Kinder klein sind und ziemlich hilflos gegenüber Eltern, die entschlossen ihre Vorherrschaft behaupten, reagieren sie häufig mit sogenannten passiv-aggressiven Verhaltensweisen und üben ihre begrenzte Macht beharrlich aus, indem sie ein unerwünschtes Benehmen an den Tag legen. Erwartungsgemäß macht das die Eltern wütend, die dann ihre Anstrengungen verdoppeln, um die Zügel noch straffer anzuziehen. Wenn diese Dynamik einmal in Gang gesetzt ist, kann sie zu endlosen Maßregelungen und Jahren der Frustration und der Ressentiments auf beiden Seiten führen. Kinder, die in solchen Verhältnissen aufwachsen, schaffen es mit der Zeit immer besser, die Versuche der Eltern zu vereiteln, ihnen eine Standpauke zu halten und vorzuschreiben, was sie tun sollen. Es sieht fast so aus, als ginge es um ein Lernproblem und nicht um einen Machtkampf. Wenn sie dann in die Pubertät kommen, sind die Voraussetzungen für heftige Zusammenstöße bereits geschaffen.

Die Risiken eines passiv-aggressiven Verhaltens wurden im ersten Teil dieses Buches bereits erörtert. Es erweist sich als unzulänglich im Umgang mit jeder Art von Autorität und kann das Leben derjenigen ruinieren, die es an den Tag legen – nicht zuletzt dadurch, dass es sie zu dürftigen Kandidaten für eine intime Beziehung macht. Die Zahl der Familien, die sich in diesen ständig wiederkehrenden, sinnlosen Interaktionen verfangen, ist erstaunlich hoch. Doch wenn Vater und Mutter sich kaum imstande fühlen, das eigene Leben in den Griff zu bekommen, bringen sie ihren Groll oft mit nach Hause, wo er sich dann in dem einfallslosen Bemühen entlädt, die Kinder unter Kontrolle zu halten.

Eine weitverbreitete Vorstellung besagt: Da Kinder umsorgt werden, laden sie eine emotionale Schuld auf sich, die sie ihr ganzes Leben lang abtragen müssen. Das heißt, sie *schulden* uns Achtung und Gehorsam, und zwar trotz ihrer konkurrierenden Bedürfnisse, ein eigenes Leben zu gestalten. Diese Überzeugung ist bei vielen so tief verwurzelt, dass sie sich in mittleren Jahren schuldig fühlen, wenn sie ihren Eltern nicht genügend Aufmerksamkeit schenken. Häufig äußert sich diese Verpflichtung darin, dass sie sich deren endlose Klagen über die Gebrechen des Alters anhören müssen und wegen der nicht ausreichenden Besuche oder Anrufe getadelt werden.

Beziehungen, die auf Verpflichtung gründen, sind selten befriedigend. Liebe und Respekt sind Geschenke, die aus freien Stücken gegeben werden müssen. Und Handlungen, die aufgrund eines Schuldgefühls erfolgen, rufen auf beiden Seiten Ressentiments hervor. Wir sehen die meisten Menschen in der Verantwortung, ihren Teil zu einer Beziehung beizutragen, wie immer diese auch beschaffen sein mag. Wenn sie langweilig und anstrengend sind und sich ständig nur beklagen, werden sie wohl nicht lange unsere Freunde bleiben. Und doch fühlen wir uns, nur weil jemand uns zur Welt gebracht und, als wir jung waren, umsorgt hat, verpflichtet, diesen Menschen zu verwöhnen, während er oder sie in den Interaktionen mit uns immer mürrischer, selbstbezogener und verletzender wird. Wer hat diese Regel aufgestellt?

Wir alle stimmen wohl darin überein, dass das Alter schwierig ist. Es braucht eine besondere Art von Mut und Anstand, um mit den damit einhergehenden Verlusten fertig zu werden. Niemand von uns weiß, wie er jenes Lebensstadium bewältigen wird, bevor es für ihn oder sie selbst so weit ist. Aber folgt daraus, dass die Senioren, zumal jene in unserer Familie, befreit sind von den persönlichen und gesellschaftlichen Imperativen, die uns in Beziehungen unserer Wahl zusammenhalten? Müssen wir als Ältere keine Rücksicht mehr nehmen auf die Bedürfnisse und Empfindungen der Jüngeren, einschließlich des Bedürfnisses, nicht zu Tode gelangweilt zu werden? Haben die uns liebenden Menschen immerzu die Pflicht, uns die schlechten Launen nachzusehen? Sind wir jetzt der Erfordernisse der Freundschaft oder gar der Liebe enthoben, nämlich die Wünsche anderer Menschen zu berücksichtigen und nicht derart egozentrisch zu sein, dass wir nicht mehr wissen, wie man zuhört? Und, konkreter gefragt: Ist unser Leben jetzt so hart, dass wir berechtigt sind, den Vorwurf der Unaufmerksamkeit als Mittel der Zurechtweisung gegen jene einzusetzen, die uns Zuneigung und Interesse entgegenbringen?

Gute Eltern ziehen Kinder auf, um sie ihren Weg allein gehen zu lassen. Wenn die erwachsenen Kinder also immer noch zu Hause wohnen, ist das ein Zeichen dafür, dass die Familie nicht intakt ist. Manchmal scheint es in solchen Familien eine Vereinbarung zu geben, dass die Kinder die Trennung so lange nicht vollziehen, bis die ungelösten Konflikte aus früheren Jahren bereinigt sind. Dieser häufig langwierige Prozess wird normalerweise mit wirtschaftlichen Erwägungen erklärt (»Julius spart einfach für ein Haus«), aber die eigentliche Ursache einer derartigen Verlängerung der Kindheit liegt meistens in einer auf beiden Seiten vorhandenen Angst vor der endgültigen Abnabelung.

Jeder von uns trägt seine Eltern in sich. Wenn sie uns geliebt und darauf vorbereitet haben, ein unabhängiges Leben zu führen, haben wir Glück – und sie verdienen unsere ewige, freiwillig erwiesene Dankbarkeit. Empfinden wir ihnen gegenüber jedoch eine Mischung aus Groll und Pflichtbewusstsein, brauchen wir eine Aufarbeitung, therapeutisch oder autodidaktisch, die es uns ermöglicht, ihnen ihre Unzulänglichkeiten zu verzeihen und darüber nachzudenken, was wir tun müssen, um unseren Verpflichtungen bezüglich der eigenen Kinder nachzukommen – heute und später, wenn sie groß und wir alt sind.

Wäre es nicht um der Ehe willen, müssten Männer und Frauen gegen völlige Fremde kämpfen

Wir haben einige Methoden betrachtet, die Schwächen und Stärken anderer Menschen zuverlässig einzuschätzen. Wenn wir jene Personen identifizieren können, die uns wahrscheinlich das Herz brechen werden, und solche Charaktereigenschaften näher kennenlernen, die Menschen für engagierte, langfristige Beziehungen qualifizieren, haben wir einen riesigen Schritt zur Gewährleistung unseres künftigen Glücks getan. Dann sind wir in der Lage, uns mit Menschen zu umgeben, die unsere Bemühungen, die gewünschte Persönlichkeitsstruktur auszubilden, unterstützen werden, während wir gleichzeitig unsere Chancen erhöhen, die eigene Zukunft mit jemandem zu verbinden, der unsere Liebe zu erwidern vermag. Doch es ist wichtig zu bestimmen, welche Art von Beziehung wir aufbauen möchten.

Nach traditioneller Auffassung ist die Ehe eine Institution, die auf einem impliziten Vertrag beruht. Vor Anfang der 1960er-Jahre sah der Austausch zwischen den Ehepartnern ungefähr so aus: Der Mann trug die Verantwortung, einen angemessenen Lebensunterhalt für die Familie zu verdienen, derweil seine Frau sich um den Haushalt und die Erziehung der Kinder kümmerte. Das Recht auf Geschlechtsverkehr bildete einen zusätzlichen Bestandteil dieser Übereinkunft, aber wer davon am meisten profitierte, war von Paar zu Paar verschieden. Auch die Frage, wer die Verantwortung für Entscheidungen trug, welche die ganze Familie betrafen, wurde jeweils höchst unterschiedlich beantwortet, obwohl das übliche Kräfteverhältnis jenes Patriarchat widerspiegelte, das von den meisten Religionen sanktioniert worden war.

Mit dem Durchbruch der Emanzipationsbewegung und der zunehmenden wirtschaftlichen Besserstellung infolge der Berufstätigkeit beider Elternteile fand eine allmähliche, wenn auch meist nicht thematisierte Entwicklung in der Ehe statt, die auf eine Gleichstellung der Geschlechter abzielte. In dem Maße, wie Frauen sich weniger unterordneten, bewegte sich das eheliche Ideal – allerdings nicht so stark, wie man vielleicht denkt – in Richtung geteilter Haushaltspflichten, was unter anderem zur Folge hatte, dass der Vater mehr als zuvor mit den Kindern beschäftigt war. Dass diese veränderten Bedingungen innerhalb der Ehe bis heute mit einer steigenden Scheidungsrate einhergehen, mag man insofern als unvermeidlich betrachten, als die meisten persönlichen oder gesellschaftlichen Veränderungen etwas Gutes und etwas Schlechtes haben. Beim amerikanischen Militär gibt es den Grundsatz *»unity of command«* (etwa: »Einer muss das Kommando geben«), der als wesentlich gilt für den Erfolg im Krieg. Seitdem diese Regel in ehelichen Verbindungen verletzt wird, treten umso mehr Konflikte auf.

An die Stelle des gütigen Paternalismus in Ehen ist die in den meisten einschlägigen Büchern gepriesene Vorstellung getreten, dass Differenzen verhandelt werden müssen. Diese Ansicht beruht auf zwei vermeintlich unbestreitbaren Annahmen: Niemand ist perfekt, und alle Beziehungen bedürfen »harter Arbeit«, um sich entwickeln und überdauern zu können. (In meinen Augen läuft dieser Rat darauf hinaus, dass in der Ehe ständig irgendwelche Schützengräben ausgehoben werden.)

Wer wird leugnen wollen, dass es in einer Verbindung, die zwei unvollkommene Menschen eingehen, zwangsläufig Unterschiede zwischen deren Wünschen, Freuden und Abneigungen gibt? Gewöhnlich fallen in jedem Haushalt Aufgaben an, die keiner der Partner gern erledigt: Putzen, Staubsaugen, Wäsche waschen, den Mülleimer nach draußen bringen, Windeln wechseln – all das kommt einem sofort in den Sinn. Wie entscheiden Partner mit gleichem Status und gleich viel Zeit, wer was erledigt? Selbstverständlich kann man davon ausgehen, dass sie solche Fragen im Interesse der Fairness und der Harmonie (immer wieder neu) verhandeln. Folglich liegt die Vermutung nahe: Jede Beziehung wird gerade auch deshalb zu harter Arbeit, weil die Partner mühsam und ständig auf Selbstschutz bedacht nach dem schwer definierbaren Gleichgewicht zwischen lästigen Verpflichtungen streben.

Man beachte, dass sie hierbei durchaus mit Konflikten rechnen. Daher rührt die Binsenweisheit »Alle Paare streiten«, an die zum Beispiel ein Beziehungsratgeber mit dem Titel *Intimate Enemies: How to Fight Fair* (George Robert Bach/Peter Wyden: *Streiten verbindet. Spielregeln für Liebe und Ehe*, Fischer Verlag) anknüpfte. Demnach kreist das konventionelle Denken um Konfliktlösung und Kompromiss. Dieser Ansatz klingt zwar logisch, aber die Tatsache, dass sich etwa fünfzig Prozent aller Ehepartner nach ein paar Jahren gemeinsamen Lebens nicht mehr ausstehen können, müsste einige Fragen aufwerfen. Sicherlich waren die meisten von ihnen klug genug zu wissen, was sie tun *sollten*, doch aus irgendeinem Grund konnten sie sich trotz aller Verhandlungen jener unangenehmen Einsicht nicht entziehen: Ihre Liebe war erloschen. Wenn das, was sich im Rahmen der meisten Scheidungen abspielt, einen Hinweis gibt, dann den, dass sie sich inzwischen sogar regelrecht anwiderten. Und wer von den Hochzeitsgästen hätte das voraussagen können?

Glaubt man an die Heiligkeit der Ehe, wird man wahrscheinlich argumentieren, dass sie einfach nicht hart genug gearbeitet haben. Oder es fehlte ihnen am nötigen Verhandlungsgeschick. Oder sie haben nie gelernt, fair zu kämpfen. Oder sie haben sich auseinandergelebt. Aber irgendwie scheint keine dieser Erklärungen zu erfassen, was in einer gescheiterten Beziehung wirklich passiert ist.

Eines kann man über jede zerbrochene Ehe sagen, nämlich dass bei einem Partner oder beiden die Erwartungen nicht erfüllt wurden. (Oft übersieht man die Tatsache, dass es zwei Personen braucht, um eine Beziehung aufzubauen, aber nur eine, um sie zu zerstören.) Außerdem mangelt es uns an Weitblick. Wenige von uns rechnen damit, dass sie immer genauso aussehen werden wie auf dem Hochzeitsfoto. Warum also sind wir so oft überrascht, wenn wir uns auch in anderer Weise ändern?

Zu fast jeder Scheidung kommt es nach einer langen Phase der allmählichen Entfremdung zwischen den Parteien. Häufig gehen schon der Hochzeit Meinungsverschiedenheiten und Streitereien voraus. Das »Kalte-Füße-Phänomen« in den Tagen vor der Zeremonie ist wohlbekannt. Manchmal äußern sich die Befürchtungen in etwa so: »Gewiss, wir haben uns bei vielen Anlässen in die Haare gekriegt, und ich war besorgt wegen seines Trinkens, aber die meiste Zeit war er okay und ich dachte: ›Niemand ist perfekt.‹ Zudem waren die Einladungen verschickt, das Fest war geplant und schon bezahlt. Ich konnte mir nicht vorstellen, einen Rückzieher zu machen. Jeder sagte mir, wir seien ein großartiges Paar.« Ich bin es gewohnt, solche oder ähnliche Geschichten von Menschen beiderlei Geschlechts zu hören, die sich mitten in einer Scheidung befinden.

Ehen, die sich ihrem Ende zuneigen, sind Ausnahmen von jener allgemeinen Regel, dass wir im Leben nicht das bekommen, was wir verdienen, sondern das, was wir erwarten. Zu Beginn haben die meisten Menschen eine ebenso sentimentale wie optimistische Vorstellung davon, wie ihre Ehe sein wird. Der Satz »Und so lebten sie glücklich bis ans Ende ihrer Tage« bildet nicht nur den Ausklang vieler Märchen; er bezeichnet auch die größte Hoffnung fast aller Paare in dem Augenblick, da beide Partner beschließen, eine eheliche Verbindung einzugehen, die in guten wie in schlechten Tagen fortbestehen wird. Niemand erwartet das Schlechte, noch weniger das Schlechteste. Obwohl viele von uns Zeugen unbefriedigender Beziehungen – oft in der eigenen Familie – waren, neigen wir zu der Auffassung, dass die Sache bei uns anders laufen wird. (Dergleichen erinnert mich stets an jene Worte, die der Romanautor William Saroyan auf dem Sterbebett gesagt haben soll: »Jeder muss sterben, aber ich habe immer geglaubt, in meinem Fall würde eine Ausnahme gemacht.«) Versuchen Sie doch zur Übung einmal herauszufinden, wie viele glückliche Ehen Sie kennen – Ehen, in denen die Partner nicht nur seit langer Zeit zusammenleben, sondern sich offenbar weiterhin wirklich mögen und respektieren. Das Unglück in Ehen, die bereits zerrüttet sind, nimmt dann seinen Lauf, wenn beide sich der trügerischen Hoffnung hingeben: »Vielleicht werden uns Kinder näher zusammenbringen.«

Das Leben mag als eine Abfolge von Enttäuschungen betrachtet werden. Früh schon verlieren wir den Glauben an die Fee, die nachts den ausgefallenen Milchzahn gegen Süßigkeiten oder Geldmünzen austauscht, und an den Weihnachtsmann. Unsere Hoffnungen auf Gerechtigkeit in dieser Welt überdauern selten das Teenageralter. Dennoch halten viele von uns an der Überzeugung fest, durch die Macht der Liebe jemanden ändern zu können, und sind schockiert, wenn sich dies als Irrtum erweist. Niemand sagt uns in jungen Jahren, dass wir lernen müssen, den Charakter anderer Menschen einzuschätzen und dadurch herauszufinden, wem wir vertrauen können. Niemand macht uns auf die roten Lampen aufmerksam, die uns in Alarmbereitschaft versetzen, sobald gewisse Charakterzüge auf künftigen Verrat hindeuten. Niemand macht uns systematisch mit den Tugenden vertraut, die wir in uns selbst entwickeln müssen, um sie in anderen zu erkennen. Und niemand hinterfragt das übliche Beziehungsmodell, das harte Arbeit und ständiges Verhandeln voraussetzt.

Hüten Sie sich vor rechthaberischen Menschen

Unsere Wahl der Menschen, mit denen wir unser Leben verbringen möchten, beinhaltet – und übersteigt zugleich – eine Reihe von Werten, die individuelle, von uns bewunderte Charakterzüge widerspiegeln. Unsere Vorstellung von Großzügigkeit, Einfühlungsvermögen oder Aufrichtigkeit zum Beispiel liegt jeder unserer Handlungen gegenüber den Mitmenschen zugrunde und prägt unsere Entscheidungen darüber, wie wir uns als Bürger organisieren und regieren und wie wir dann als Nation mit anderen Völkern in Verbindung treten.

Es scheint selbstverständlich, dass kein Land, keine Glaubensrichtung und keine politische Partei ein Monopol auf die Wahrheit hat. Alle Formen, in denen wir uns abgrenzen, alle Gemeinschaften, in die wir geboren werden oder die wir uns aussuchen, laufen Gefahr, Exklusivität zu beanspruchen, wenn es um die Überzeugungen geht, wie man leben soll. Wenn wir uns nur darauf verständigen könnten, dass *niemand* die Antwort auf bestimmte letzte Fragen kennt: Was geschieht mit uns nach dem Tod? Wurden sämtliche Fragen über Richtig und Falsch bereits von einem göttlichen Wesen beantwortet? Oder sind sie bloß Ausdruck menschlicher Überlegungen, hervorgerufen durch das Bemühen, dem Chaos konkurrierender Bedürfnisse eine Ordnung aufzuzwingen in einer Welt, die sonst einfach den

Starken vor dem Schwachen bevorzugen würde? Warum sollten wir gut sein?

Dieses Buch handelt nicht von Politik oder Religion, obwohl sich diese Themen als wichtig und bedenkenswert erweisen, sobald man die Wahl eines Lebenspartners ins Auge fasst. Menschen ist es zwar gelungen, jenseits der von Hautfarbe und Religionszugehörigkeit gesetzten Schranken Ehen einzugehen, doch gewöhnlich nicht ohne Schwierigkeiten. Das Gleiche gilt wohl auch bei unterschiedlichen politischen Ansichten, zumal wenn keiner der Partner ihnen besondere Aufmerksamkeit schenkt. Aber wenn sie es tun, ist kaum vorstellbar, dass aus dem Zusammenleben keine Konflikte resultieren.

Der beste Rat für Leute mit stark ausgeprägten Überzeugungen hinsichtlich des Glaubens oder sozialer Fragen mag lauten, sich gefühlsmäßig nicht mit jenen einzulassen, die in diesen Punkten völlig abweichende Meinungen vertreten. Es muss seltsam sein, mit jemandem zu leben, von dem man genau weiß, dass er bei der nächsten Wahl die eigene Stimme mit seiner aufheben wird. Wenn es allerdings mehr intakte Ehen dieser Art gäbe, würden wir vielleicht merken, warum der Spruch »Die Liebe überwindet alle Hindernisse« doch mehr ist als ein Klischee.

Mit Geld kann man Glück zwar nicht kaufen, aber mieten

Unter all den Themen, die in dauerhaften Beziehungen Konflikte auslösen, gehört Geld – die Art und Weise, wie es verdient und ausgegeben wird – zu den vorherrschenden, und in gewisser Hinsicht ist es das seltsamste. Mit gutem Recht lässt sich sagen, dass es bei den meisten Unstimmigkeiten als Ersatz für schwerer zu erörternde Bereiche des Ehelebens dient. Dennoch ist es vor der Ehe durchaus weise, in Gesprächen und durch Beobachtung etwas über die Einstellung des Partners zu Geld herauszufinden. (Im ersten Teil dieses Buches haben wir die Gegensätze Großzügigkeit und zwanghaftes Verhalten bereits beleuchtet.) Wohlhabende Menschen scheinen hier einen Vorteil zu haben, aber es hat sich herausgestellt, dass die Wechselbeziehung zwischen Reichtum und Glück (oder glücklicher Ehe) oberhalb der Armutsgrenze sehr schwach ist.

Gewöhnlich sind heutzutage beide Partner berufstätig. Diese relativ neue Entwicklung in der ehelichen Gemeinschaft hat zu einigen interessanten Änderungen im Umgang mit den finanziellen Mitteln geführt. Wenn die Eheleute unterschiedlich hohe Einkommen haben, müssen Entscheidungen darüber getroffen werden, wer für was zahlt und wem welches Geld gehört. Einige Paare finden es am einfachsten, die Gehälter auf ein gemeinsames Konto überweisen zu lassen und sich dadurch die Buchführung zu ersparen, die notwendig erscheint, wenn die Ausgaben gleichmäßig verteilt werden sollen. Häufig gibt es getrennte Konten mit getrennten Kreditkarten, für die jeder Partner selbst verantwortlich ist. Eine entmutigende, wiewohl unvermeidliche Tendenz zeigt sich – zumal bei zweiten (oder dritten) Ehen – in der steigenden Zahl der Eheverträge, welche die Verpflichtungen des einen Partners gegenüber dem anderen im Falle einer Scheidung schriftlich regeln. Diese Verträge – geschlossen in einem Moment, da man sich eine lebenslange Bindung verspricht – lassen auf einen Mangel an Vertrauen sowohl in das eigene Urteil als auch in die Versprechen des Partners schließen. Angesichts der Erfahrung, die manche mit einer oder mehreren Scheidungen gemacht haben, und des Wunsches, das eigene Vermögen zugunsten der Kinder zu sichern, ist das Bemühen um finanziellen Schutz zwar durchaus verständlich. Dennoch hat es etwas Symbolisches, von der geliebten Person die Unterschrift unter ein Dokument zu fordern, in dem sie versichert, einen nicht zu bestehlen. Kein hoffnungsvoller Start in die Ehe, würde ich sagen.

Da wir in einer materialistischen Gesellschaft leben, in der unsere Lebensart größtenteils davon abhängt, wie viel Geld wir haben, kann es nicht überraschen, dass zahlreiche eheliche Konflikte auf dem Gebiet der Finanzen ausgetragen werden. Für die Mehrheit der Menschen, die sich über den Sinn ihres Lebens nicht wirklich im Klaren sind, stellt der materielle Besitz eine Möglichkeit dar, Erfolg zu taxieren. Wir sind auf mannigfache Weise in Anspruch genommen von Fantasien, die um grenzenlosen Reichtum kreisen. Die Warteschlangen, die sich vor den Lottoannahmestellen bilden, sobald der Jackpot wieder einmal astronomische Höhen erreicht, sind ein Beweis für die im Innern verborgene Hoffnung, unser Leben könne ohne Anstrengung von Grund auf verändert werden.

Wenn sich die Einstellungen der Ehepartner zu Geld deutlich unterscheiden, ist der Rahmen für Konflikte vorgegeben. Dabei treten die Unterschiede zwischen jenen Charaktereigenschaften hervor, die wir schon im ersten Teil dieses Buches betrachtet haben – insbesondere das Bedürfnis nach Kontrolle auf der einen Seite und der Ärger darüber, dass man kontrolliert wird, auf der anderen. Genau dieses Problem taucht in der Paartherapie meistens dann auf, wenn die Partner anfangen, über ihre Differenzen in Geldangelegenheiten zu diskutieren. Gewöhnlich gibt die eine Person zu viel Geld aus, während die andere ihr vorwirft, unverantwortlich zu sein. Darauf folgen oft Gespräche über Kompromisse, gekürzte Budgets und vernichtete Kreditkarten. Aber diese scheinbar vernünftigen Lösungen funktionieren nur selten, weil sie den eigentlichen Machtkampf, der in der Beziehung ausgetragen wird und üblicherweise auch bei Unstimmigkeiten über andere Dinge ausbricht, nicht thematisieren. Solange sich die Partner nicht mit diesem Machtkampf auseinandersetzen, werden all ihre Haushaltsplanungen vergeblich sein.

Geld kann auch als Symbol oder als Ersatz für die Liebe dienen. Das Kind wohlhabender Eltern, dessen materielle Bedürfnisse reichlich gestillt werden, während es in der Obhut bezahlter Fachkräfte bleibt, ist ein kulturelles Klischee. Selbst Familien, die in bescheideneren Verhältnissen leben, schaffen es, Kinder, was Aufmerksamkeit und Zuneigung betrifft, gleichsam übers Ohr zu hauen, obwohl es ihnen weder an einer Unterkunft noch an Nahrung fehlt. In beiden Fällen findet eine Form von Vernachlässigung seitens der Eltern statt, durch die sich die Kinder derart herabgewürdigt fühlen, dass der Sinn sowohl der Liebe als auch des Geldes verzerrt wird. Innige Bindungen zwischen Eltern und Kind entstehen im Chaos und zwischen schmutzigen Windeln, durch gemeinsame Mahlzeiten und Hilfestellung bei den Hausaufgaben. Materielle Besitztümer können die Lücken nicht füllen, die dann klaffen, wenn solche Verpflichtungen missachtet werden.

Sobald wir Menschen begegnen, denen die heilsame Beziehung zu mindestens einem Elternteil vorenthalten wurde, müssen wir genau ins Auge fassen, ob dieser Mangel ihre Fähigkeit beeinträchtigt hat, sich wohl in ihrer Haut zu fühlen – eine Vorbedingung für anhaltend gute Gefühle in Bezug auf andere. Wer in dieser Weise benachteiligt ist, hat oft ein symbolisches Loch im Charakter, das auszufüllen mühsame und langwierige Anstrengungen erfordert. Die üblichen Methoden, diesem Übel abzuhelfen, bestehen bei Erwachsenen in Drogenkonsum, unzumutbaren Forderungen an andere, Misstrauen ihnen gegenüber sowie einem sonderbaren Verhältnis zu Geld und den Dingen, die man damit erwerben kann. Mittlerweile gibt es das ursprünglich für die Anonymen Alkoholiker entworfene 12-Schritte-Programm auch für Leute, die unter Kaufzwang leiden. Obwohl dieser krankhafte Zustand einer psychiatrischen Diagnose noch nicht für würdig befunden wurde, können seine Auswirkungen ebenso verheerend sein wie die anderer Formen des Drogenmissbrauchs.

Wie auch immer unsere Kindheit war: Wir alle entwickeln eine bestimmte Einstellung zum Geld. Für einige wird es zum Gradmesser des Erfolgs oder zu einem Mittel, um im Spiel des Lebens zu punkten. Während die meisten Menschen ihr Selbstwertgefühl eher von den Beziehungen abhängig machen, die sie aufbauen, oder von der Bedeutung, die sie ihrem Beruf oder bestimmten Freizeitaktivitäten zuschreiben, ist Geld für andere eine Quelle ständiger Sorge. Immer mehr davon zu bekommen, kann zu ihrer Hauptbeschäftigung werden und damit auch zur Ursache ihrer Frustration. Wieder andere beschließen, ihren Alltag so zu gestalten, dass sie sich um Geld überhaupt nicht zu kümmern brauchen, und streben nach einem glücklichen und genügsamen Leben, indem sie ihrem Glauben dienen oder den eigenen Garten bestellen. Egal, welche Position Sie auf dieser Skala einnehmen, in jedem Fall sollten Sie eine Person als Partner wählen, die eine ähnliche Einstellung zu Geld hat wie Sie. Die Alternative wäre ein Leben voller Konflikte und Ängste.

Ideen sind leichter zu lieben als Menschen

Es gibt eine Reihe von Aktivitäten, mit denen Leute sich befassen, weil sie eher der Gedanke daran reizt als die Aktivität selbst. An jedem Urlaubsort für Skifahrer wird man diejenigen entdecken, die mehr Zeit in der Hütte als auf den Pisten verbringen. Manche treten Yachtklubs vor allem wegen der gesellschaftlichen Anlässe bei und nicht um zu segeln, was sehr anstrengend sein kann. Gewisse Beschäftigungen sind, zumal wenn sie Geschick oder Mühe erfordern, in der Theorie verlockender als in der Wirklichkeit.

Genauso verhält es sich mit Personen, an die wir uns binden. Nicht nur fällt es schwer zu erkennen, wie ein Mensch tatsächlich ist (ganz zu schweigen davon, wie er sich entwickeln wird); wir stellen uns auch allzu gern vor, endlich den Menschen gefunden zu haben, der als Lebenspartner unsere Wünsche erfüllen, unsere Schwächen ausgleichen und uns vor Einsamkeit bewahren wird. *Geneigtheit* ist jenes charakteristische Merkmal, das uns dafür anfällig macht, einen möglichen Gefährten oder eine infrage kommende Gefährtin zu idealisieren.

Jeder von uns hat unterschiedliche Bedürfnisse. Früher erwartete man von Frauen, dass sie am Ende ihrer Teenagerzeit oder Anfang zwanzig heiraten. Da ihnen heute mehr berufliche Möglichkeiten offenstehen, hat sich das Durchschnittsalter von Frauen bei der Eheschließung auf fünfundzwanzigeinhalb Jahre erhöht und das der Männer auf siebenundzwanzigeinhalb Jahre. Diese Veränderung in Richtung einer späteren Heirat wird meist insofern positiv bewertet, als man unter den frisch Vermählten eine größere Reife und mehr Lebenserfahrung vermutet, was weniger Fehlentscheidungen bei der Wahl des oder der Richtigen zur Folge habe. Aber diese Zahlen enthalten noch eine weitere Botschaft: Singles Ende zwanzig ist durchaus bewusst, dass sie auf dem Weg in den Hafen der Ehe hinter ihre Altersgruppe zurückfallen. Und das mag ihre Geneigtheit erhöhen oder gar ihre Begierde verstärken, eine dauerhafte Verbindung einzugehen. Dadurch werden sie möglicherweise anfälliger für Idealisierungen, während gleichzeitig ihre Urteilskraft schwindet.

Wenn das zutrifft und es uns darüber hinaus an Weitblick fehlt, um diese Entwicklung zu erkennen, neigen wir dazu, uns in die *Idee* des Menschen zu verlieben, mit dem wir zusammen sind, und jene Charakterzüge zu übersehen, die ihn zu einem riskanten Partner machen. Die meisten Leute, vor allem ledige Frauen über dreißig, denen ich im Rahmen meiner Arbeit begegne, gründen ihre Einschätzungen potenzieller Partner auf einen reichen Erfahrungsschatz. Ich höre viele Verallgemeinerungen, zumeist negativer Art, die mit den Worten beginnen: »Alle Männer …« oder »Alle Frauen …« Solche Aussagen zeugen von einer Abwehrhaltung, als wären sie die Antwort auf die unausgesprochene Frage: »Warum bist du denn immer noch nicht verheiratet?« Sie wird in dieser Form gewöhnlich von den eigenen Eltern oder von einem selbst gestellt. Fast jeder hätte gern das Gefühl, die großen Wendepunkte des

Lebens ungefähr zur gleichen Zeit zu erreichen wie die Altersgenossen. An wie vielen Hochzeiten müssen wir als Brautjungfer oder Freund des Bräutigams teilnehmen, bis wir das Gefühl haben, hinter den anderen herzuhinken?

Das ganze Problem um den richtigen Zeitraum für die Hochzeit birgt eines der zahlreichen und bleibenden Paradoxe des Lebens: *Wenn wir jung heiraten, sind wir vielleicht zu unreif, um eine vernünftige Partnerwahl zu treffen; und wenn wir zu lange damit warten, treffen wir vielleicht aus Verzweiflung eine schlechte Entscheidung.*

Wer behauptet, Gott habe keinen Sinn für Humor?

Der bewusste oder unbewusste Wunsch, den Rückstand aufzuholen, ist bei Frauen häufig mit der begründeten Angst vor nachlassender Fruchtbarkeit verbunden. Die Fruchtbarkeit mag bei Männern erst sehr viel später nachlassen, und sie werden sich wohl weiterhin in der Lage sehen, eine jüngere Frau zu heiraten, doch die Frage »Wie alt werde ich beim Abitur meines Kindes sein?« stellt sich beiden Geschlechtern. Ich zum Beispiel erinnere mich lebhaft, wie ich zum ersten Mal für den Großvater meiner jüngsten Tochter gehalten wurde.

Der Prozess der Idealisierung schließt also die Neigung mit ein, das eigene Urteilsvermögen auszuschalten, und kann zur Folge haben, dass man Befürchtungen hinsichtlich des möglichen Partners, die sehr wohl Aufmerksamkeit verdienen, nicht ernst nimmt. Die unheilvolle Schwäche der Selbstbezogenheit wird zur Quelle des Selbstvertrauens. Die Vorliebe für berauschende Drogen wird zu einer schlimmen Angewohnheit, die vor Liebe, Kindern und erhöhter Verantwortung kapituliert. Das Bedürfnis nach Kontrolle wird sich mit der Zeit in die Erkenntnis verwandeln, der Kompromiss sei der Inbegriff der Ehe. Und so weiter.

Niemand kommt ohne eine oder zwei vernünftige Erklärungen davon. Wenn Sie einen Menschen wählen, mit dem Sie den Rest Ihres Lebens verbringen wollen, ist es mehr als gefährlich, echte Charakterfehler zu ignorieren. Entscheidungen, die in einer Phase getroffen werden, in der man auch nur ein kleines bisschen am Leben verzweifelt, sind unzuverlässiger als das Werfen einer Münze. Was immer man über die Liebe sagen mag – sie kann nicht gleichzeitig taub, stumm *und* blind sein.

Wenn Sie wegen Freundlichkeit verhaftet würden, hätten Sie dann genügend Beweise, um sich für schuldig zu erklären?

Es gibt viele Definitionen des Glücks. Jedem Menschen steht es frei, die zu übernehmen, die er für richtig hält. Doch fast alle Leute verfolgen bestimmte Ziele: ein Einkommen, das ihnen erlaubt, angenehm zu leben, die Gesundheit, soweit das genetische Erbe sie zulässt, und eine ebenso dauerhafte wie verlässliche Beziehung mit zumindest einer Person außerhalb der eigenen Herkunftsfamilie. Um das Letzte dieser drei Ziele zu erreichen, erhalten wir nur wenige formale Anleitungen. Meistens lernen wir durch Versuch und Irrtum, was allerdings mehrere Nachteile hat.

Da ist zunächst das Risiko. Unsere anfänglichen Versuche, Klarheit darüber zu gewinnen, wem wir uns nähern und vor wem wir auf der Hut sein sollten, finden in der Pubertät statt, wenn wir unter hormonaler Überproduktion und einem Mangel an Erfahrung leiden. In dieser Phase ist unser Körper reifer als unser Gehirn. Das hat zur Folge, dass unsere ersten engen Beziehungen, wie vielversprechend sie uns auch erscheinen mögen, nur selten lange dauern. Oft bleiben wir angesichts der Flüchtigkeit dieser Erfahrungen ratlos zurück und stellen uns vor, die eigene Unsicherheit in solchen Angelegenheiten werde sich im Erwachsenenalter wie durch Zauberhand auflösen.

Außerdem wird uns in der Kindheit nicht beigebracht, dass viele, vielleicht sogar die meisten unserer Verhaltensweisen eher das Resultat unbewusster Bedürfnisse und Triebe als sorgfältiger Überlegungen sind. Tatsächlich bekommen wir in der Schule keinerlei Informationen über die psychoanalytische Lehre von den unbewussten Prozessen, und so haben wir kein Hilfsmittel, mit dem wir unter die Oberfläche unseres Lebens (und des Lebens der anderen) blicken oder uns damit auseinandersetzen könnten, wie Persönlichkeiten sich entwickeln und ihren Ausdruck finden. Kaum ausgeglichen wird dieses erzieherische Defizit in den ersten Jahren des Erwachsenenlebens, wenn wir wichtige Entscheidungen in Sachen Liebe, Heirat und Kinderwunsch treffen. Der Mangel an Wissen lässt sich an den zahlreichen Fehlern ablesen, die uns dabei unterlaufen.

Wir alle haben nur eine begrenzte Zeit zur Verfügung, um mit Beziehungen zu experimentieren. Und wir sind konfrontiert mit einem Mangel an Einsicht in das eigene Leben, wodurch unsere Fähigkeit, fehlerhafte Urteile zu durchschauen, stark beeinträchtigt wird. Diese Irrtümer deuten darauf hin, dass wir die andere Person in ihrer Ganzheit nicht erkennen und also auch nicht feststellen können, inwieweit ihre Stärken und Schwächen zu den unseren passen. Die meisten von uns wissen zwar, dass sich Menschen im Laufe der Jahre verändern, aber wir sind wenig geschickt darin, bei ihnen jene Qualitäten ausfindig zu machen, die Bestand haben (trotz der Warnung, die in der Volksweisheit zum Ausdruck kommt: »Sex ist für kurze Zeit, Kochen für immer.«).

Das Versagen des Urteilsvermögens geht zum Teil auf unser fehlendes Bewusstsein hinsichtlich folgender Wahrheit zurück: Der beste Gradmesser für die Verbindung zwischen uns und einer anderen Person ist, wie wir uns in ihrer Gegenwart fühlen. Obwohl das narzisstisch klingt, ermöglicht es ein erstes Verstehen unserer unbewussten Reaktion auf das Gegenüber. Erinnern Sie sich an das herzergreifende Kompliment, das Jack Nicholson in dem Film *Besser geht's nicht* seiner Partnerin Helen Hunt macht: »Du bringst mich dazu, dass ich ein besserer Mensch werden möchte.« Wenn jemand dieses Gefühl in uns wachzurufen vermag, sind wir wirklich verliebt.

Dennoch nehmen viele Leute als Lektion des Lebens die Vorstellung mit, dass die Liebe nicht ewig währt und man bestenfalls auf eine Reihe monogamer Verbindungen hoffen kann. Damit meinen sie: Die Vernarrtheit endet irgendwann. Die aufregende, durch Leidenschaft entfachte Form von Verrücktheit, die wir mit der Frühphase gegenseitiger Anziehung assoziieren, ist für die meisten vergänglich (obwohl sie bei einigen glücklichen Paaren bekanntermaßen anhält). Gewiss fällt es schwer, viele Jahre mit einem Menschen zusammenzuleben und vor seinen Unzulänglichkeiten die Augen zu verschließen. Doch die wohltuenden Freuden der reifen Liebe sind zahlreich und in mancherlei Hinsicht dem ebenso berauschenden wie verzweifelten Gefühl am Anfang überlegen. Wer das nicht weiß, verspürt die Neigung, sich immer wieder neu zu verlieben, gewöhnlich mit fatalen Konsequenzen.

Um eine dauerhafte und beiderseits befriedigende Verbindung eingehen zu können, bedarf es einer enormen Reife, der Fähigkeit, genau zu erkennen, welche Charaktereigenschaften die eigenen ergänzen, und einer großen Portion Glück. Wir mögen uns über die wünschenswerten Merkmale, die wir bei der Frau oder dem Mann unserer Träume suchen, durchaus im Klaren sein, aber nicht das Glück haben, sie oder ihn zu treffen. Aufgrund unserer tiefen Unsicherheit und Einsamkeit begnügen wir uns dann oft mit einem weniger qualifizierten Partner – und bereuen dies dann lange Zeit. Wenn hingegen die Bewusstheit mit Geduld gepaart ist, haben wir vielleicht Erfolg.

Die Welt ist voller wunderbarer Menschen. Die Vorstellung, einer davon sei perfekt für uns, entbehrt jedoch der Glaubwürdigkeit. Eher können zwei Personen mit der richtigen Kombination aus Liebe und Urteilskraft füreinander perfekt werden. Die Beziehungen, die wir aufbauen, beruhen auf einem Prozess, in dem die zarten Bande der körperlichen Anziehung verstärkt werden durch gemeinsame Erfahrungen der Freude und des Leids – und schließlich durch die Liebe, den Kummer und die Hoffnung, die uns unwiderruflich miteinander verbinden.

Mit ein wenig Wissen, Mühe und Glück kann dieses Schicksal das Ihre sein.

Es liegt im Wesen der Liebe, dass sie sich der Erklärung entzieht. Nach all den Versuchen, sie mit wechselseitigen Bedürfnissen und gemeinsamen Interessen rational zu erklären, können wir immer noch keine Aussage darüber machen, warum zwei Menschen eine derartige Anziehung zwischen sich fühlen, die sich der Vernunft widersetzt und dennoch, während sie fortbesteht, die stärkste Kraft der Welt ist. Um das Unerklärliche zu erklären, spricht man von »Chemie«, jener undefinierbaren Variablen, die Freundschaft von Liebe unterscheidet. Doch wie bei allen Experimenten mit chemischen Stoffen besteht auch hier die Gefahr, Fehler zu begehen, die manchmal Explosionen auslösen. Obwohl wir, während wir unser Leben mit dem einer anderen Person vereinigen, auf eine dauerhafte Bindung hoffen, deuten die Statistiken darauf hin, dass wir uns in über der Hälfte der Fälle irren.

Wie können wir die Chancen erhöhen, dass die Anziehung, die wir in jungen Jahren empfinden, auch dann noch wirksam bleibt, wenn der Sex Routine geworden und jede Schwäche des geliebten Menschen freigelegt ist? Wie können wir, wenn unser gutes Aussehen ebenso dahinschwindet wie ein Jugendtraum nach dem anderen, verhindern, dass die Enttäuschung über uns selbst auch jene Person erfasst, die alles miterlebt hat, deren Gegenwart uns ständig an die erlittenen Verlust erinnert und die weniger nachdrücklich von uns angetan sein mag, als wir es erhofft hatten?

Das Band, das uns in den frühen Phasen unserer Beziehung so romantisch erschien, nehmen wir nun mit einer Art klarsichtigem Realismus wahr. Die Sehnsucht, die wir fühlten, wurde ersetzt durch eine Mischung aus Pflichtgefühl und Behagen, die eher wie ein Vertrag für Dienstleistungen als wie das Versprechen unerschöpflicher Wonne anmutet. Vielleicht fehlt uns der freudige, von Optimismus erfüllte Blick in die Zukunft, und wir gelangen zu der Überzeugung, dass die meisten Überraschungen, die auf uns warten, schlechte Nachrichten sein werden.

Bin ich in unangemessener Weise zynisch, was das Eheleben betrifft? Betrachten Sie die Leute in Ihrer Umgebung, denen es gelungen ist, mehr als zwanzig Jahre zusammenzubleiben, deren Kinder erwachsen sind und die nun dreißig oder vierzig Jahre allein miteinander vor sich haben. Kürzlich las ich die Todesanzeige eines sechsundsiebzigjährigen Mannes. Unter den Hinterbliebenen befand sich auch seine fünfundfünfzigjährige Exfrau, von der er im Jahr vor seinem Tod geschieden worden war. Hatte er über seine letzte Krankheit übermäßig geklagt? Hatte sie sich in jemand anderen verliebt? Oder hatten beide einen Schritt vollzogen, den sie jahrzehntelang in Erwägung gezogen, aber immer wieder aufgeschoben hatten?

Dennoch kennen wir gute Ehen, die bis heute gehalten haben und weiterhin befriedigend sind. Die Art der Anziehung mag sich geändert haben, aber was bleibt, kann zu Recht als Liebe bezeichnet werden. Die tiefe Verbindung gründet auf dem Gefühl eines gemeinsamen Schicksals, das die Freuden und Leiden des Zusammenlebens überdauert hat. Das sind reife Beziehungen, die zu gleichen Teilen von den Charaktereigenschaften der Partner abhängen, insbesondere von Freundlichkeit und Treue. Waren diese Werte erkennbar, als sie sich zum ersten Mal begegneten? Was verlieh ihnen genügend Scharfsinn, um im Gegenüber die Fähigkeit zu einer festen Bindung wahrzunehmen? Vielleicht hatten sie einfach nur Glück.

Jeder von uns besitzt unentdeckte Fähigkeiten. Wenn wir jung und unerfahren sind, mögen sie nicht zum Vorschein kommen oder von anderen nicht geschätzt werden. Während meiner Schulzeit bereitete es den Jungs einen Heidenspaß, sich über den alten Hausmeister, der die Schule putzte, lustig zu machen. Einer aus unserer Horde, selbst so etwas wie ein Außenseiter, weigerte sich jedoch, an solchen Aktionen teilzunehmen, und gab sich sogar einige Mühe, den Mann freundlich zu behandeln. Erst viel später lernte ich diesen Jungen, der inzwischen erwachsen war, näher kennen und konnte den Menschen beobachten, der er geworden war. Es wurde deutlich, dass seine Fähigkeit zur Großmut die unsere nach wie vor übertraf und dass er ein erfülltes Leben führte: ein ansprechender Beruf, aufmerksame Freunde, eine gute Ehe. Dergleichen war immer schon vorhanden gewesen, hätten wir nur Augen gehabt, es zu sehen. Als ich ihm das bei unserem letzten Treffen sagte, schaute er mich an – verwundert, dass ich mich daran erinnerte, und als wäre ihm nie eingefallen, sich anders zu verhalten.

Wir stolpern durchs Leben ohne Bedienungsanleitung, die man uns schon bei der Geburt hätte aushändigen sollen. Wir versuchen herauszufinden, wie unsere physischen und emotionalen Bedürfnisse gestillt werden können. Wir bemühen uns, aus unseren ebenso zahlreichen wie schmerzlichen Fehlern zu lernen. Wir leiden unter Zurückweisung und Einsamkeit. Und durch all das versuchen wir zu entdecken, wer zu meiden und wer zu schätzen ist, als hinge unser ganzes Leben davon ab.

Darüber hinaus sind wir alle mehr oder weniger bemüht, die eigene Existenz zu begreifen. Ich habe viele Menschen darüber sprechen hören, auf welche Weise ihre Suche nach Glück und Sinn in die Irre geführt hat. Bei einigen von ihnen schienen Entmutigung und Angst bis zu einem bestimmten Grad biologisch bedingt. Doch die meisten waren bestrebt, wesentliche Fragen zu beantworten: Warum sind wir hier, und was müssen wir tun, um unseren Verpflichtungen nachzukommen, um aufrichtig zu leben – gemäß unserer höchsten Vorstellung von der Wahrheit, die unserem Dasein zugrunde liegt – und um das Verhältnis zwischen Freude und Leid möglichst günstig zu halten?

Ich bin zu der Auffassung gelangt, dass die menschliche Existenz ungewiss ist, verwirrend, oft absurd und voller Angst angesichts eines gleichgültigen Universums, das unsere größten Hoffnungen genau wie die uns teuersten Menschen vernichten kann und dieses zerstörerische Werk auch immer wieder vollbringt. Trotzdem schreiten wir weiter voran in eine Zukunft, von der wir keine Vorstellung haben und die wir nicht beherrschen können – geführt nur von ein paar Worten, die wir miteinander teilen, und dem Glauben, dass wir nicht allein sind.

Dank

Jedes Buch über ein so komplexes Thema wie die Liebe basiert auf entlehnten Gedanken. Obwohl viele der hier vorgebrachten Deutungen von mir stammen, habe ich mich auf zahllose Beiträge meiner Berufskollegen gestützt, die menschliche Verhaltensmuster für das *Diagnostic and Statistical Manual of the American Psychiatric Association* darstellten. Wie unsere Verfassung ist dieses Handbuch ein Dokument, das ständig weiterentwickelt wird und sich nun der fünften Auflage nähert. Keinen dieser Autoren, die allesamt unser Verständnis von der Persönlichkeitsstruktur erweiterten, habe ich namentlich erwähnt, und man kann davon ausgehen, dass sie in ihren künftigen Büchern auch mich nicht nennen werden.

Matthew Lore, mein langjähriger Lektor und Freund, spielte insofern eine wichtige Rolle, als er die Entstehung dieses Buches maßgeblich förderte. John Radziewicz überwachte dessen Vollendung mit scharfsichtigem editorischem Auge und liebenswürdigem Herzen. Die anderen ebenso freundlichen wie hart arbeitenden Mitglieder des Da-Capo-Stabs waren eine wertvolle Stütze und äußerst tüchtig. Mein Agent Rafe Sagalyn leistete erneut unverzichtbaren Beistand, als es darum ging, das Projekt durch die häufig verwirrende Welt des Verlagswesens zu lenken.

Wenn meine Tochter Emily nicht gerade die Rechte der Angeklagten im Montgomery County, Maryland, verteidigte, setzte sie ihre beträchtliche Urteilskraft bei der Lektüre der ersten Manuskriptfassungen ein. Ihre Mutter Clare bleibt mein Vorbild für die Tugenden derer, denen wir unsere Liebe und Wertschätzung schenken möchten.